# Konjunktur und Krise

AKADEMIE-VERLAG · BERLIN

WISSENSCHAFTLICHES

BULLETIN

DES INSTITUTS FÜR

WIRTSCHAFTSWISSENSCHAFTEN

BEI DER

DEUTSCHEN AKADEMIE

DER WISSENSCHAFTEN

ZU BERLIN

HEFT

4

1962

6. JAHRGANG

THEORIA CUM PRAXI

# INHALT



Redaktionsschluß: 10. 10. 1962

Herausgeber: Institut für Wirtschaftswissenschaften bei der Deutschen Akademie der Wissenschaften zu Berlin



Anschrift der Redaktion: Berlin W 8, Leipziger Straße 3—4

Verantwortlich für den Inhalt: Prof. Dr. J. L. Schmidt, Berlin W 8, Leipziger Str. 3—4. Verlag: Akademie-Verlag GmbH, Berlin W 8, Leipziger Straße 3—4, Fernruf 220441, Telex-Nr. 011773, Postscheckkonto: Berlin 35021. Die Zeitschrift erscheint vierteljährlich. Bezugspreis eines Heftes DM 2,50. Veröffentlicht unter der Lizenz-Nr. 5372 des Ministeriums für Kultur. Bestellnummer dieses Heftes: 1059/6/4. Gesamtherstellung: VEB Druckerei „Thomas Müntzer" Bad Langensalza.

KONJUNKTUR UND KRISE

Wissenschaftliches Bulletin des Instituts für Wirtschaftswissenschaften
bei der Deutschen Akademie der Wissenschaften zu Berlin


# Statistische Beilage

12. Folge
(Beilage zu Heft 4/1962)

## B. Indexzahlen der industriellen Produktion

### 5. Frankreich

Jährliche und monatliche Indexzahlen der industriellen Produktion
1947 (1949) bis 1961

(arbeitstäglich; nicht saisonbereinigt)
Basisjahre 1938 und 1952

Zeichenerklärungen:

- . Angaben liegen nicht vor.
- ... Angaben lagen bei Redaktionsschluß nicht vor.
- — Null oder weniger als die Hälfte der verwendeten Einheit.
- ——— Ein Trennungstrich innerhalb der Zahlenreihe (horizontal in den Spalten, vertikal in den Zeilen) bezeichnet eine Unterbrechung der Kontinuität der Reihe. Vergleiche die jeweilige Anmerkung.
- * Vorläufige Zahlen
- ( ) Geschätzte Zahlen

## Inhaltsverzeichnis



## Quellenangaben

Ministère des Finances et des Affaires Economiques, Institut National de la Statistique et des Etudes Economiques (I.N.S.E.E.), Paris:

1) Bulletin Mensuel de Statistique,
2) Annuaire Statistique de la France.

## Vorbemerkungen

Die vom Institut National de la Statistique et des Etudes Economiques, Paris, veröffentlichten Indexzahlen berücksichtigen nur etwa vier Fünftel der industriellen Produktion Frankreichs, da eine Reihe von Industriezweigen statistisch nicht ausreichend erfaßt werden. Näheres hierüber im Abschnitt ,,Gewichtung der Industriezweige".

Der Gesamtindex ist ein nach der Formel von Laspeyres berechneter Index des physischen Volumens der industriellen Produktion unter Berücksichtigung der verschiedenen Fertigungsstufen.

Die nachstehenden Tabellen enthalten die Jahresindexzahlen für die Jahre 1947 bis 1956 mit der Originalbasis 1938 = 100 und für die Jahre 1956 bis 1961 mit der Originalbasis 1952 = 100 sowie die arbeitstäglich berichtigten, nicht saisonbereinigten monatlichen Indexzahlen für die Jahre 1949 bis 1956 mit der Originalbasis 1938 = 100 und für die Jahre 1956 bis 1961 mit der Originalbasis 1952 = 100. Indexzahlen mit der Basis 1938 = 100 sind letztmals für Dezember 1956 und das Jahr 1956 berechnet worden.

Die Jahresindexzahlen sind nicht in allen Fällen einfache Durchschnitte der zwölf Monatsindices, sondern teilweise direkt aus totalen Jahresproduktionszahlen errechnet worden.

Der Index mit der Basis 1952 = 100 unterscheidet sich von dem alten Index (Basis 1938) nicht nur durch strukturelle Veränderungen in der Industrie und demzufolge veränderte Gewichtung, sondern auch durch eine Vergrößerung der Anzahl der berücksichtigten Industriezweige und durch verbesserte Abgrenzung einiger Zweige.

## Gewichtung der Industriezweige

Mangels ausreichender statistischer Erfassung sind bei der Berechnung der Indexzahlen der industriellen Produktion Frankreichs folgende Industriezweige nicht berücksichtigt worden:

Nahrungsmittelindustrie (mit Ausnahme der Öl- und Margarineindustrie),
Bekleidungsindustrie und Stoffverarbeitung,
Holz- und Möbelindustrie,
Rüstungsindustrie (Erzeugung von Waffen).

Nach Angabe im Annuaire Statistique 1959, Seite 109, bleiben daher im neuen Index (1952 = 100) etwa 17% der industriellen Produktion Frankreichs bei der Berechnung der Indexzahlen unberücksichtigt.

Für die statistisch erfaßte industrielle Produktion (diese gleich 100 gesetzt) bestand in den Basisjahren 1938 und 1952 die nachstehend aufgeführte Gewichtung.

| Industriegruppe oder -zweig | 1938 | 1952 |
|---|---|---|
| Gesamte Industrie einschließlich Baugewerbe | 100,0 | 100,0 |
| Gesamte Industrie ohne Baugewerbe | 87,4 | 83,1 |
| Baugewerbe einschließlich öffentliche Arbeiten | 12,6 | 16,9 |
| Bergbau insgesamt | 8,5 | 8,6 |
| Kohlenbergbau | 5,8 | 5,9 |
| Erzbergbau | 1,2 | 0,9 |
| Gewinnung mineralischer Baustoffe | 1,0 | 1,3 |
| Gewinnung und Aufbereitung sonstiger Mineralien | 0,5 | 0,5 |
| Energiewirtschaft insgesamt | 4,4 | 6,2 |
| Elektrizität | 3,0 | 3,5 |
| Erdgas und Industriegas | 0,9 | 1,2 |
| Erdölgewinnung und -verarbeitung | 0,5 | 1,5 |
| Verarbeitende Industrie insgesamt | 74,5 | 68,3 |
| Metallerzeugung | 4,1 | 3,5 |
| Metallverarbeitung | 31,8 | 32,7 |
| Keramische und Baustoffindustrie | 1,8 | 2,4 |
| Glasindustrie | 0,7 | 1,0 |
| Chemische Industrie | 7,0 | 6,3 |
| Fettverarbeitende Industrie | 1,8 | 0,7 |
| Gummiindustrie | 2,0 | 1,6 |
| Papierindustrie | 3,7 | 2,6 |
| Druckerei- und Vervielfältigungsindustrie | 3,5 | 3,2 |
| Textilindustrie | 14,2 | 10,6 |
| Lederindustrie | 3,5 | 3,2 |
| Tabakverarbeitung und Streichholzerzeugung | 0,4 | 0,5 |

Mit Ausnahme der Erzeugung von Waffen liegen für die Gewichte der in der Produktionsstatistik nicht erfaßten Industriezweige folgende Schätzungen für das Jahr 1952 vor:

| | |
|---|---|
| Nahrungsmittelindustrie | 7,0%, |
| Bekleidungsindustrie und Stoffverarbeitung | 6,1%, |
| Holz- und Möbelindustrie | 3,5%, |

gemessen an der gesamten Industrie (20 Zweige, einschließlich Baugewerbe) = 100% oder an der gesamten Industrie (23 Zweige einschließlich der drei zuletzt erwähnten Zweige) = 116,6%.

| Jahr | Jahresindices 1938 = 100 | Jahresindices 1952 = 100 | Monatliche Indexzahlen 1949—1956:1938 = 100. 1956—1961: 1952 = 100 J | F | M | A | M | J | J | A | S | O | N | D |
|---|---|---|---|---|---|---|---|---|---|---|---|---|---|---|

## 1. Gesamte Industrie einschließlich Baugewerbe

| Jahr | 1938 = 100 | 1952 = 100 | J | F | M | A | M | J | J | A | S | O | N | D |
|---|---|---|---|---|---|---|---|---|---|---|---|---|---|---|
| 1947 | 99 | . | . | . | . | . | . | . | . | . | . | . | . | . |
| 48 | 113 | . | . | . | . | . | . | . | . | . | . | . | . | . |
| 49 | 123 | 84 | 119 | 125 | 127 | 128 | 131 | 129 | 117 | 102 | 122 | 123 | 123 | 126 |
| 1950 | 123 | 88 | 125 | 125 | 112 | 122 | 128 | 126 | 117 | 102 | 125 | 132 | 136 | 131 |
| 51 | 138 | 99 | 135 | 138 | 136 | 140 | 144 | 142 | 133 | 113 | 137 | 143 | 147 | 144 |
| 52 | 144 | 100 | 148 | 149 | 151 | 150 | 148 | 147 | 138 | 116 | 142 | 149 | 147 | 143 |
| 53 | 140 | 101 | 139 | 142 | 144 | 145 | 147 | 147 | 132 | 104 | 138 | 143 | 147 | 150 |
| 54 | 152 | 110 | 144 | 143 | 151 | 155 | 159 | 157 | 147 | 122 | 156 | 159 | 164 | 166 |
| 1955 | 166 | 119 | 160 | 164 | 168 | 168 | 172 | 174 | 160 | 134 | 166 | 173 | 181 | 176 |
| 56 | 181 | 130 | 179 | 169 | 183 | 188 | 195 | 191 | 180 | 132 | 183 | 191 | 196 | 189 |
| 1956 | . | ,, | 129 | 118 | 129 | 136 | 142 | 136 | 130 | 93 | 132 | 138 | 142 | 140 |
| 57 | . | 141 | 138 | 142 | 141 | 145 | 151 | 148 | 132 | 99 | 145 | 147 | 153 | 156 |
| 58 | . | 147 | 153 | 156 | 156 | 158 | 160 | 157 | 144 | 102 | 145 | 152 | 155 | 152 |
| 59 | . | 152 | 149 | 152 | 152 | 158 | 163 | 162 | 148 | 107 | 154 | 161 | 171 | 172 |
| 1960 | . | 167 | 165 | 168 | 167 | 171 | 173 | 176 | 163 | 117 | 171 | 176 | 184 | 180 |
| 61 | . | (176) | 174 | 178 | 179 | 180 | 185 | 184 | 165 | 126 | 177 | 185 | 194 | 189 |

## 2. Gesamte Industrie ohne Baugewerbe

| Jahr | 1938 = 100 | 1952 = 100 | J | F | M | A | M | J | J | A | S | O | N | D |
|---|---|---|---|---|---|---|---|---|---|---|---|---|---|---|
| 1947 | 95 | . | . | . | . | . | . | . | . | . | . | . | . | . |
| 48 | 111 | . | . | . | . | . | . | . | . | . | . | . | . | . |
| 49 | 122 | 83 | 119 | 126 | 127 | 128 | 131 | 129 | 116 | 100 | 120 | 122 | 124 | 126 |
| 1950 | 123 | 88 | 126 | 126 | 111 | 122 | 128 | 124 | 116 | 100 | 125 | 132 | 137 | 133 |
| 51 | 139 | 99 | 136 | 140 | 137 | 142 | 145 | 144 | 133 | 112 | 137 | 143 | 148 | 145 |
| 52 | 145 | 100 | 151 | 152 | 152 | 151 | 148 | 147 | 137 | 116 | 142 | 148 | 149 | 145 |
| 53 | 141 | 101 | 144 | 145 | 145 | 145 | 148 | 147 | 131 | 103 | 138 | 142 | 148 | 152 |
| 54 | 154 | 111 | 149 | 149 | 152 | 157 | 161 | 158 | 148 | 121 | 157 | 160 | 166 | 168 |
| 1955 | 169 | 121 | 166 | 169 | 173 | 170 | 174 | 176 | 160 | 134 | 168 | 174 | 185 | 179 |
| 56 | 187 | 134 | 184 | 181 | 188 | 193 | 200 | 196 | 185 | 133 | 187 | 195 | 202 | 195 |
| 1956 | . | ,, | 134 | 130 | 133 | 141 | 147 | 140 | 133 | 93 | 135 | 142 | 148 | 146 |
| 57 | . | 146 | 145 | 148 | 146 | 150 | 157 | 153 | 134 | 99 | 150 | 152 | 161 | 165 |
| 58 | . | 152 | 160 | 164 | 162 | 166 | 168 | 163 | 148 | 103 | 150 | 157 | 163 | 159 |
| 59 | . | 158 | 156 | 161 | 158 | 165 | 171 | 169 | 152 | 108 | 160 | 168 | 181 | 183 |
| 1960 | . | 176 | 176 | 177 | 173 | 180 | 181 | 185 | 170 | 120 | 180 | 185 | 196 | 192 |
| 61 | . | (186) | 185 | 189 | 187 | 190 | 197 | 194 | 171 | 129 | 184 | 194 | 207 | 204 |

## 3. Elektrizitätserzeugung

| Jahr | 1938 = 100 | 1952 = 100 | J | F | M | A | M | J | J | A | S | O | N | D |
|---|---|---|---|---|---|---|---|---|---|---|---|---|---|---|
| 1947 | 128 | . | . | . | . | . | . | . | . | . | . | . | . | . |
| 48 | 139 | . | . | . | . | . | . | . | . | . | . | . | . | . |
| 49 | 143 | 74 | 140 | 143 | 142 | 137 | 141 | 146 | 136 | 128 | 141 | 147 | 154 | 165 |
| 1950 | 160 | 81 | 165 | 163 | 147 | 154 | 154 | 158 | 145 | 136 | 157 | 170 | 180 | 187 |
| 51 | 182 | 94 | 187 | 186 | 184 | 183 | 179 | 181 | 169 | 158 | 176 | 192 | 194 | 196 |
| 52 | 194 | 100 | 209 | 205 | 196 | 194 | 186 | 185 | 178 | 160 | 190 | 201 | 208 | 218 |
| 53 | 198 | 102 | 218 | 208 | 196 | 196 | 185 | 200 | 186 | 153 | 194 | 205 | 217 | 222 |
| 54 | 218 | 112 | 223 | 228 | 220 | 217 | 213 | 215 | 203 | 186 | 214 | 223 | 235 | 244 |
| 1955 | 239 | 122 | 245 | 248 | 252 | 236 | 228 | 235 | 219 | 204 | 233 | 246 | 260 | 266 |
| 56 | 260 | 132 | 267 | 288 | 263 | 249 | 245 | 258 | 239 | 214 | 249 | 273 | 292 | 285 |
| 1956 | . | ,, | 135 | 146 | 133 | 126 | 124 | 131 | 121 | 109 | 126 | 139 | 148 | 145 |
| 57 | . | 141 | 152 | 147 | 142 | 140 | 137 | 136 | 131 | 115 | 139 | 146 | 154 | 159 |
| 58 | . | 152 | 160 | 158 | 159 | 156 | 145 | 150 | 143 | 119 | 147 | 159 | 162 | 168 |
| 59 | . | 158 | 169 | 162 | 155 | 161 | 149 | 157 | 148 | 125 | 155 | 169 | 176 | 182 |
| 1960 | | 177 | 183 | 183 | 180 | 174 | 167 | 169 | 161 | 145 | 178 | 187 | 195 | 202 |
| 61 | | (188) | 199 | 195 | 189 | 179 | 177 | 186 | 173 | 156 | 187 | 196 | 208 | 211 |

| Jahr | Jahresindices 1938 = 100 | Jahresindices 1952 = 100 | Monatliche Indexzahlen 1949—1956:1938 = 100. 1956=1961: 1952 = 100 J | F | M | A | M | J | J | A | S | O | N | D |
|---|---|---|---|---|---|---|---|---|---|---|---|---|---|---|
| **4. Gasgewinnung (Natur- und Industriegas)** | | | | | | | | | | | | | | |
| 1947 | 143 | · | · | · | · | · | · | · | · | · | · | · | · | · |
| 48 | 155 | · | · | · | · | · | · | · | · | · | · | · | · | · |
| 49 | 172 | 95 | 179 | 182 | 186 | 174 | 174 | 169 | 154 | 137 | 162 | 178 | 180 | 190 |
| 1950 | 174 | 95 | 198 | 185 | 163 | 176 | 175 | 170 | 154 | 141 | 163 | 169 | 180 | 208 |
| 51 | 180 | 99 | 198 | 199 | 187 | 184 | 178 | 174 | 153 | 141 | 164 | 184 | 186 | 208 |
| 52 | 181 | 100 | 213 | 215 | 192 | 175 | 172 | 167 | 149 | 136 | 161 | 176 | 198 | 213 |
| 53 | 177 | 101 | 225 | 214 | 189 | 173 | 160 | 164 | 148 | 124 | 163 | 176 | 198 | 195 |
| 54 | 186 | 106 | 229 | 235 | 198 | 182 | 177 | 168 | 157 | 140 | 170 | 180 | 194 | 203 |
| 1955 | 181 | 112 | 214 | 217 | 215 | 174 | 166 | 163 | 144 | 132 | 156 | 182 | 207 | 207 |
| 56 | 195 | 127 | 221 | 284 | 209 | 193 | 169 | 171 | 151 | 131 | 162 | 189 | 228 | 236 |
| 1956 | · | ,, | 143 | 182 | 135 | 125 | 112 | 113 | 101 | 87 | 108 | 125 | 149 | 153 |
| 57 | · | 147 | 175 | 156 | 143 | 136 | 139 | 128 | 123 | 106 | 138 | 153 | 175 | 188 |
| 58 | · | 181 | 191 | 189 | 186 | 177 | 145 | 156 | 154 | 145 | 177 | 194 | 228 | 238 |
| 59 | · | 276 | 250 | 252 | 238 | 241 | 248 | 283 | 286 | 227 | 295 | 294 | 320 | 384 |
| 1960 | · | 393 | 393 | 396 | 344 | 374 | 331 | 379 | 381 | 327 | 384 | 414 | 476 | 517 |
| 61 | · | (493) | 520 | 493 | 482 | 464 | 498 | 504 | 444 | 371 | 495 | 527 | 584 | 532 |
| **5. Erdölgewinnung und -verarbeitung** | | | | | | | | | | | | | | |
| 1947 | 73 | · | · | · | · | · | · | · | · | · | · | · | · | · |
| 48 | 115 | · | · | · | · | · | · | · | · | · | · | · | · | · |
| 49 | 159 | 53 | 147 | 159 | 155 | 158 | 160 | 157 | 162 | 165 | 161 | 150 | 173 | 164 |
| 1950 | 208 | 67 | 169 | 178 | 189 | 185 | 188 | 195 | 217 | 223 | 248 | 241 | 233 | 233 |
| 51 | 282 | 86 | 242 | 236 | 258 | 261 | 279 | 284 | 280 | 312 | 292 | 304 | 321 | 316 |
| 52 | 329 | 100 | 310 | 303 | 297 | 328 | 333 | 327 | 346 | 344 | 334 | 347 | 329 | 353 |
| 53 | 348 | 105 | 316 | 346 | 331 | 339 | 358 | 348 | 361 | 334 | 374 | 356 | 374 | 341 |
| 54 | 383 | 112 | 359 | 361 | 355 | 364 | 374 | 386 | 378 | 398 | 404 | 394 | 425 | 398 |
| 1955 | 450 | 120 | 394 | 393 | 409 | 413 | 428 | 459 | 473 | 460 | 475 | 502 | 483 | 512 |
| 56 | 525 | 132 | 479 | 509 | 536 | 518 | 520 | 516 | 526 | 561 | 578 | 585 | 475 | 498 |
| 1956 | · | ,, | 123 | 134 | 137 | 131 | 132 | 130 | 133 | 143 | 146 | 148 | 108 | 115 |
| 57 | · | 127 | 106 | 104 | 122 | 131 | 111 | 125 | 126 | 136 | 132 | 138 | 143 | 147 |
| 58 | · | 151 | 145 | 155 | 143 | 137 | 149 | 153 | 151 | 156 | 158 | 159 | 150 | 165 |
| 59 | · | 169 | 160 | 163 | 158 | 156 | 158 | 161 | 175 | 173 | 179 | 175 | 180 | 195 |
| 1960 | · | 195 | 186 | 191 | 181 | 179 | 178 | 190 | 199 | 194 | 199 | 205 | 212 | 222 |
| 61 | · | (227) | 220 | 229 | 223 | 209 | 216 | 222 | 220 | 211 | 229 | 238 | 252 | 253 |
| **6. Kohlenbergbau[1]** | | | | | | | | | | | | | | |
| 1947 | 93 | · | · | · | · | · | · | · | · | · | · | · | · | · |
| 48 | 91 | · | · | · | · | · | · | · | · | · | · | · | · | · |
| 49 | 105 | 92 | 109 | 111 | 109 | 105 | 105 | 104 | 97 | 98 | 103 | 106 | 107 | 111 |
| 1950 | 106 | 92 | 112 | 110 | 102 | 102 | 107 | 99 | 98 | 99 | 102 | 108 | 115 | 113 |
| 51 | 113 | 96 | 116 | 115 | 114 | 114 | 113 | 111 | 106 | 106 | 111 | 117 | 115 | 117 |
| 52 | 118 | 100 | 123 | 120 | 123 | 118 | 115 | 112 | 112 | 108 | 116 | 124 | 125 | 116 |
| 53 | 112 | 95 | 125 | 122 | 118 | 112 | 112 | 112 | 106 | 64 | 112 | 117 | 121 | 117 |
| 54 | 114 | 98 | 125 | 124 | 114 | 111 | 116 | 110 | 104 | 104 | 110 | 112 | 125 | 120 |
| 1955 | 117 | 100 | 123 | 121 | 119 | 119 | 119 | 114 | 107 | 105 | 109 | 117 | 125 | 121 |
| 56 | 121 | 100 | 126 | 122 | 125 | 121 | 119 | 118 | 113 | 112 | 113 | 124 | 130 | 128 |
| 1956 | · | ,, | 106 | 102 | 105 | 103 | 100 | 98 | 96 | 93 | 92 | 102 | 108 | 104 |
| 57 | · | 103 | 109 | 108 | 102 | 106 | 107 | 102 | 99 | 96 | 100 | 99 | 111 | 107 |
| 58 | · | 105 | 113 | 112 | 111 | 105 | 105 | 105 | 100 | 91 | 101 | 109 | 113 | 105 |
| 59 | · | 104 | 112 | 112 | 110 | 111 | 102 | 102 | 95 | 88 | 101 | 108 | 114 | 107 |
| 1960 | · | 102 | 113 | 109 | 103 | 102 | 113 | 99 | 95 | 86 | 98 | 102 | 110 | 105 |
| 61 | · | (97) | 102 | 106 | 99 | 99 | 102 | 94 | 82 | 82 | 89 | 100 | 108 | 103 |

[1] Feste mineralische Brennstoffe aller Art.

| Jahr | Jahresindices 1938 = 100 | Jahresindices 1952 = 100 | Monatliche Indexzahlen 1949—1956:1938 = 100. 1956—1961: 1952 = 100 J | F | M | A | M | J | J | A | S | O | N | D |
|---|---|---|---|---|---|---|---|---|---|---|---|---|---|---|
| **7. Erzbergbau** | | | | | | | | | | | | | | |
| 1947 | 60 | . | . | . | . | . | . | . | . | . | . | . | . | . |
| 48 | 73 | . | . | . | . | . | . | . | . | . | . | . | . | . |
| 49 | 97 | 77 | 97 | 101 | 102 | 98 | 99 | 96 | 93 | 93 | 85 | 98 | 99 | 99 |
| 1950 | 95 | 74 | 97 | 99 | 79 | 95 | 96 | 91 | 92 | 85 | 92 | 103 | 112 | 102 |
| 51 | 111 | 87 | 112 | 104 | 103 | 104 | 115 | 116 | 114 | 105 | 107 | 106 | 126 | 124 |
| 52 | 126 | 100 | 129 | 128 | 129 | 127 | 125 | 124 | 124 | 112 | 125 | 129 | 139 | 126 |
| 53 | 132 | 103 | 133 | 136 | 139 | 142 | 143 | 143 | 134 | 73 | 134 | 135 | 140 | 136 |
| 54 | 134 | 105 | 138 | 135 | 132 | 130 | 139 | 134 | 131 | 114 | 133 | 142 | 146 | 140 |
| 1955 | 152 | 120 | 148 | 151 | 155 | 153 | 157 | 154 | 147 | 136 | 147 | 158 | 167 | 155 |
| 56 | 161 | 125 | 165 | 151 | 161 | 165 | 167 | 169 | 185 | 139 | 163 | 164 | 158 | 169 |
| 1956 | . | ,, | 130 | 118 | 127 | 130 | 131 | 132 | 123 | 108 | 128 | 129 | 125 | 134 |
| 57 | . | 137 | 141 | 142 | 140 | 130 | 144 | 142 | 138 | 115 | 140 | 142 | 149 | 143 |
| 58 | . | 143 | 153 | 150 | 151 | 146 | 150 | 149 | 138 | 112 | 142 | 147 | 152 | 140 |
| 59 | . | 146 | 145 | 148 | 147 | 150 | 154 | 148 | 136 | 117 | 149 | 155 | 160 | 161 |
| 1960 | . | 161 | 165 | 165 | 163 | 166 | 168 | 164 | 151 | 127 | 162 | 166 | 171 | 167 |
| 61 | . | (162) | 163 | 169 | 169 | 168 | 172 | 169 | 151 | 120 | 160 | 158 | 174 | 167 |
| **8. Gewinnung mineralischer Baustoffe** | | | | | | | | | | | | | | |
| 1947 | 96 | . | . | . | . | . | . | . | . | . | . | . | . | . |
| 48 | 100 | . | . | . | . | . | . | . | . | . | . | . | . | . |
| 49 | 108 | 58 | 100 | 105 | 111 | 117 | 120 | 119 | 101 | 101 | 110 | 108 | 106 | 103 |
| 1950 | 117 | 63 | 97 | 106 | 105 | 119 | 123 | 119 | 124 | 121 | 125 | 130 | 121 | 114 |
| 51 | 137 | 77 | 118 | 119 | 123 | 133 | 140 | 130 | 139 | 139 | 157 | 152 | 143 | 140 |
| 52 | 174 | 100 | 135 | 130 | 161 | 180 | 197 | 196 | 185 | 178 | 184 | 185 | 190 | 161 |
| 53 | 154 | 99 | 127 | 130 | 160 | 176 | 194 | 175 | 162 | 135 | 144 | 150 | 154 | 145 |
| 54 | 152 | 96 | 112 | 103 | 137 | 153 | 166 | 164 | 156 | 161 | 167 | 173 | 172 | 158 |
| 1955 | 172 | 113 | 118 | 140 | 153 | 181 | 197 | 186 | 193 | 177 | 181 | 187 | 188 | 159 |
| 56 | 177 | 117 | 150 | 76 | 165 | 192 | 218 | 202 | 202 | 185 | 192 | 191 | 184 | 170 |
| 1956 | . | ,, | 103 | 43 | 110 | 130 | 145 | 133 | 135 | 125 | 131 | 128 | 119 | 109 |
| 57 | . | 125 | 96 | 113 | 129 | 138 | 147 | 140 | 128 | 122 | 133 | 126 | 123 | 110 |
| 58 | . | 122 | 100 | 104 | 109 | 132 | 146 | 145 | 133 | 116 | 134 | 127 | 126 | 106 |
| 59 | . | 130 | 94 | 110 | 128 | 146 | 157 | 145 | 133 | 125 | 138 | 135 | 136 | 120 |
| 1960 | . | 133 | 94 | 112 | 132 | 145 | 153 | 150 | 148 | 130 | 139 | 134 | 136 | 122 |
| 61 | . | (146) | 111 | 132 | 146 | 157 | 169 | 165 | 158 | 138 | 155 | 151 | 147 | 126 |
| **9. Gewinnung und Aufbereitung sonstiger Mineralien** | | | | | | | | | | | | | | |
| 1947 | 114 | . | . | . | . | . | . | . | . | . | . | . | . | . |
| 48 | 122 | . | . | . | . | . | . | . | . | . | . | . | . | . |
| 49 | 125 | 86 | 129 | 131 | 134 | 124 | 134 | 127 | 108 | 96 | 126 | 131 | 132 | 131 |
| 1950 | 138 | 92 | 139 | 142 | 140 | 134 | 145 | 141 | 118 | 107 | 144 | 148 | 146 | 147 |
| 51 | 140 | 97 | 149 | 129 | 139 | 149 | 154 | 151 | 121 | 109 | 149 | 149 | 149 | 137 |
| 52 | 146 | 100 | 154 | 155 | 152 | 138 | 146 | 152 | 112 | 117 | 159 | 163 | 168 | 143 |
| 53 | 146 | 101 | 150 | 143 | 141 | 141 | 159 | 165 | 104 | 71 | 145 | 169 | 181 | 182 |
| 54 | 168 | 116 | 177 | 173 | 174 | 153 | 175 | 172 | 127 | 154 | 173 | 182 | 183 | 175 |
| 1955 | 179 | 125 | 185 | 189 | 194 | 178 | 190 | 181 | 176 | 113 | 192 | 182 | 195 | 169 |
| 56 | (196) | 134 | 204 | 194 | 191 | 203 | 203 | 207 | 156 | 164 | 201 | 215 | 218 | 192 |
| 1956 | . | ,, | 138 | 129 | 129 | 138 | 142 | 142 | 111 | 113 | 139 | 147 | 148 | 138 |
| 57 | . | 142 | 147 | 152 | 143 | 142 | 153 | 154 | 134 | 101 | 146 | 142 | 160 | 144 |
| 58 | . | 152 | 158 | 158 | 158 | 149 | 164 | 165 | 147 | 106 | 154 | 163 | 171 | 145 |
| 59 | . | 151 | 162 | 165 | 151 | 155 | 149 | 162 | 134 | 104 | 155 | 163 | 164 | 161 |
| 1960 | | 159 | 169 | 170 | 162 | 160 | 171 | 172 | 153 | 118 | 168 | 138 | 155 | 172 |
| 61 | | (173) | 181 | 183 | 180 | 178 | 183 | 185 | 136 | 130 | 174 | 178 | 185 | 181 |

| Jahr | Jahresindices 1938 = 100 | Jahresindices 1952 = 100 | Monatliche Indexzahlen 1949—1956:1938 = 100. 1956—1961: 1952 = 100 J | F | M | A | M | J | J | A | S | O | N | D |
|---|---|---|---|---|---|---|---|---|---|---|---|---|---|---|

**10. Metallerzeugung[1]**

| Jahr | 1938 = 100 | 1952 = 100 | J | F | M | A | M | J | J | A | S | O | N | D |
|---|---|---|---|---|---|---|---|---|---|---|---|---|---|---|
| 1947 | 94 | . | . | . | . | . | . | . | . | . | . | . | . | . |
| 48 | 119 | . | . | . | . | . | . | . | . | . | . | . | . | . |
| 49 | 143 | 79 | 136 | 144 | 148 | 144 | 152 | 149 | 139 | 131 | 140 | 146 | 140 | 144 |
| 1950 | 139 | 78 | 142 | 144 | 98 | 138 | 141 | 143 | 127 | 120 | 144 | 157 | 159 | 152 |
| 51 | 160 | 90 | 158 | 158 | 158 | 163 | 162 | 164 | 156 | 144 | 157 | 168 | 171 | 166 |
| 52 | 177 | 100 | 170 | 173 | 177 | 180 | 183 | 180 | 170 | 154 | 184 | 187 | 183 | 180 |
| 53 | 163 | 92 | 175 | 175 | 178 | 178 | 174 | 178 | 155 | 110 | 156 | 161 | 162 | 160 |
| 54 | 172 | 98 | 158 | 162 | 165 | 165 | 169 | 177 | 176 | 151 | 182 | 189 | 189 | 188 |
| 1955 | 206 | 117 | 192 | 204 | 215 | 211 | 212 | 215 | 194 | 176 | 205 | 211 | 218 | 214 |
| 56 | 219 | 124 | 215 | 206 | 218 | 222 | 225 | 233 | 208 | 188 | 224 | 233 | 231 | 223 |
| 1956 | . | ,, | 122 | 116 | 123 | 126 | 130 | 133 | 120 | 108 | 128 | 132 | 131 | 126 |
| 57 | . | 134 | 133 | 133 | 135 | 132 | 139 | 136 | 129 | 113 | 139 | 139 | 143 | 140 |
| 58 | . | 139 | 142 | 141 | 148 | 149 | 145 | 144 | 131 | 110 | 140 | 145 | 140 | 135 |
| 59 | . | 144 | 136 | 140 | 143 | 150 | 149 | 150 | 140 | 117 | 148 | 154 | 155 | 155 |
| 1960 | . | 168 | 158 | 163 | 171 | 171 | 172 | 170 | 162 | 137 | 174 | 180 | 178 | 176 |
| 61 | . | (177) | 178 | 183 | 187 | 184 | 185 | 181 | 175 | 143 | 174 | 181 | 181 | 173 |

**11. Metallverarbeitung[2]**

| Jahr | 1938 = 100 | 1952 = 100 | J | F | M | A | M | J | J | A | S | O | N | D |
|---|---|---|---|---|---|---|---|---|---|---|---|---|---|---|
| 1947 | 98 | . | . | . | . | . | . | . | . | . | . | . | . | . |
| 48 | 120 | . | . | . | . | . | . | . | . | . | . | . | . | . |
| 49 | 141 | 78 | 133 | 140 | 145 | 151 | 156 | 152 | 145 | 119 | 138 | 139 | 138 | 139 |
| 1950 | 131 | 82 | 140 | 139 | 114 | 130 | 140 | 134 | 130 | 100 | 129 | 135 | 143 | 138 |
| 51 | 149 | 96 | 146 | 150 | 144 | 150 | 156 | 156 | 155 | 114 | 147 | 151 | 161 | 160 |
| 52 | 173 | 100 | 170 | 176 | 178 | 179 | 179 | 181 | 179 | 142 | 169 | 179 | 178 | 170 |
| 53 | 157 | 98 | 172 | 171 | 167 | 164 | 168 | 165 | 150 | 116 | 147 | 149 | 155 | 165 |
| 54 | 172 | 110 | 162 | 164 | 169 | 178 | 182 | 177 | 171 | 133 | 176 | 180 | 184 | 194 |
| 1955 | 197 | 123 | 192 | 196 | 201 | 194 | 201 | 207 | 196 | 149 | 197 | 204 | 218 | 212 |
| 56 | 225 | 142 | 222 | 222 | 230 | 234 | 247 | 239 | 230 | 150 | 223 | 234 | 242 | 229 |
| 1956 | . | ,, | 142 | 137 | 141 | 153 | 165 | 150 | 144 | 86 | 143 | 148 | 158 | 157 |
| 57 | . | 153 | 150 | 155 | 152 | 159 | 170 | 166 | 145 | 88 | 163 | 164 | 175 | 187 |
| 58 | . | 164 | 174 | 179 | 175 | 177 | 183 | 177 | 160 | 90 | 155 | 167 | 173 | 172 |
| 59 | . | 165 | 167 | 177 | 169 | 179 | 192 | 184 | 169 | 93 | 164 | 175 | 197 | 198 |
| 1960 | . | 177 | 182 | 181 | 175 | 188 | 188 | 193 | 168 | 101 | 180 | 184 | 199 | 194 |
| 61 | . | (184) | 179 | 185 | 183 | 191 | 201 | 196 | 166 | 115 | 180 | 191 | 208 | 211 |

**12. Keramische und Baustoffindustrie[3]**

| Jahr | 1938 = 100 | 1952 = 100 | J | F | M | A | M | J | J | A | S | O | N | D |
|---|---|---|---|---|---|---|---|---|---|---|---|---|---|---|
| 1947 | 95 | . | . | . | . | . | . | . | . | . | . | . | . | . |
| 48 | 113 | . | . | . | . | . | . | . | . | . | . | . | . | . |
| 49 | 119 | 86 | 102 | 119 | 121 | 122 | 123 | 125 | 115 | 109 | 120 | 125 | 123 | 122 |
| 1950 | 126 | 86 | 116 | 117 | 115 | 127 | 132 | 131 | 126 | 121 | 133 | 136 | 135 | 123 |
| 51 | 140 | 97 | 120 | 132 | 132 | 139 | 140 | 147 | 140 | 133 | 149 | 153 | 151 | 145 |
| 52 | 146 | 100 | 136 | 138 | 148 | 155 | 154 | 158 | 148 | 139 | 155 | 153 | 143 | 125 |
| 53 | 147 | 99 | 114 | 124 | 146 | 154 | 155 | 161 | 148 | 134 | 159 | 158 | 155 | 151 |
| 54 | 157 | 108 | 127 | 116 | 151 | 160 | 165 | 170 | 163 | 153 | 176 | 172 | 169 | 159 |
| 1955 | 175 | 121 | 140 | 155 | 157 | 179 | 187 | 188 | 180 | 172 | 189 | 191 | 187 | 176 |
| 56 | 184 | 128 | 168 | 121 | 169 | 194 | 199 | 205 | 189 | 178 | 199 | 200 | 195 | 190 |
| 1956 | . | ,, | 122 | 97 | 121 | 134 | 139 | 138 | 125 | 113 | 137 | 139 | 137 | 135 |
| 57 | . | 141 | 128 | 137 | 142 | 147 | 152 | 150 | 135 | 125 | 151 | 147 | 148 | 143 |
| 58 | . | 149 | 140 | 147 | 150 | 157 | 158 | 159 | 148 | 127 | 157 | 159 | 154 | 142 |
| 59 | . | 146 | 136 | 145 | 156 | 157 | 150 | 158 | 138 | 121 | 151 | 153 | 150 | 146 |
| 1960 | . | 150 | 130 | 141 | 154 | 156 | 160 | 161 | 144 | 124 | 158 | 160 | 159 | 154 |
| 61 | . | (162) | 149 | 161 | 170 | 167 | 169 | 175 | 155 | 127 | 171 | 175 | 173 | 157 |

[1] Davon rund 80% Eisen und Stahl und 20% Nichteisenmetalle. — [2] Metallhalbzeugfertigung, Gießereien, Maschinenbau, Elektroindustrie, Eisenbahnmaterial, Kraftfahrzeugbau, Luftfahrtindustrie usw. — [3] Grobkeramik, Feinkeramik, Zement-, Kalk- und Ziegelindustrie.

| Jahr | Jahresindices 1938 = 100 | Jahresindices 1952 = 100 | Monatliche Indexzahlen 1949—1956:1938 = 100. 1956—1961: 1952 = 100 J | F | M | A | M | J | J | A | S | O | N | D |
|---|---|---|---|---|---|---|---|---|---|---|---|---|---|---|
| **13. Glasindustrie** | | | | | | | | | | | | | | |
| 1947 | 132 | . | . | . | . | . | . | . | . | . | . | . | . | . |
| 48 | 154 | . | . | . | . | . | . | . | . | . | . | . | . | . |
| 49 | 141 | 97 | 171 | 183 | 176 | 159 | 149 | 139 | 118 | 104 | 114 | 115 | 135 | 149 |
| 1950 | 150 | 104 | 159 | 150 | 145 | 148 | 151 | 141 | 140 | 132 | 142 | 155 | 176 | 160 |
| 51 | 177 | 121 | 160 | 163 | 173 | 181 | 190 | 183 | 176 | 161 | 171 | 187 | 188 | 188 |
| 52 | 149 | 100 | 181 | 172 | 163 | 164 | 155 | 148 | 126 | 116 | 130 | 138 | 149 | 150 |
| 53 | 156 | 100 | 153 | 150 | 145 | 160 | 161 | 165 | 153 | 125 | 149 | 164 | 172 | 174 |
| 54 | 171 | 112 | 166 | 155 | 173 | 179 | 178 | 178 | 167 | 138 | 164 | 179 | 182 | 187 |
| 1955 | 190 | 120 | 177 | 184 | 189 | 196 | 184 | 192 | 184 | 170 | 186 | 197 | 205 | 213 |
| 56 | 219 | 139 | 211 | 205 | 213 | 217 | 203 | 203 | 212 | 182 | 219 | 245 | 257 | 258 |
| 1956 | . | ,, | 134 | 134 | 137 | 141 | 131 | 134 | 136 | 117 | 132 | 151 | 159 | 160 |
| 57 | . | 157 | 163 | 163 | 160 | 164 | 157 | 158 | 148 | 132 | 153 | 157 | 169 | 169 |
| 58 | . | 162 | 164 | 175 | 175 | 180 | 172 | 174 | 163 | 136 | 150 | 151 | 154 | 152 |
| 59 | . | 172 | 167 | 168 | 166 | 166 | 171 | 175 | 166 | 145 | 166 | 185 | 192 | 193 |
| 1960 | . | 192 | 194 | 197 | 198 | 197 | 193 | 184 | 173 | 159 | 182 | 198 | 212 | 213 |
| 61 | . | (198) | 207 | 202 | 218 | 207 | 197 | 194 | 175 | 155 | 191 | 212 | 208 | 211 |

| Jahr | 1938 = 100 | 1952 = 100 | J | F | M | A | M | J | J | A | S | O | N | D |
|---|---|---|---|---|---|---|---|---|---|---|---|---|---|---|
| **14. Chemische Industrie** | | | | | | | | | | | | | | |
| 1947 | 109 | . | . | . | . | . | . | . | . | . | . | . | . | . |
| 48 | 128 | . | . | . | . | . | . | . | . | . | . | . | . | . |
| 49 | 126 | 82 | 124 | 135 | 133 | 136 | 134 | 132 | 115 | 104 | 114 | 121 | 126 | 135 |
| 1950 | 135 | 89 | 136 | 132 | 123 | 136 | 139 | 131 | 123 | 122 | 135 | 145 | 152 | 149 |
| 51 | 153 | 106 | 147 | 155 | 157 | 161 | 164 | 158 | 137 | 137 | 140 | 156 | 156 | 157 |
| 52 | 146 | 100 | 157 | 156 | 160 | 156 | 151 | 144 | 123 | 118 | 136 | 146 | 157 | 146 |
| 53 | 154 | 107 | 144 | 146 | 153 | 154 | 154 | 157 | 146 | 123 | 152 | 166 | 173 | 177 |
| 54 | 178 | 124 | 169 | 166 | 181 | 188 | 183 | 181 | 170 | 160 | 178 | 183 | 190 | 191 |
| 1955 | 201 | 149 | 183 | 192 | 205 | 212 | 214 | 210 | 186 | 192 | 198 | 206 | 213 | 205 |
| 56 | 215 | 163 | 210 | 195 | 213 | 224 | 232 | 228 | 212 | 193 | 217 | 221 | 225 | 214 |
| 1956 | . | ,, | 156 | 148 | 164 | 167 | 174 | 172 | 158 | 142 | 160 | 173 | 177 | 172 |
| 57 | . | 184 | 175 | 187 | 184 | 177 | 186 | 181 | 167 | 157 | 187 | 199 | 202 | 207 |
| 58 | . | 209 | 204 | 212 | 208 | 221 | 218 | 219 | 198 | 174 | 204 | 220 | 220 | 220 |
| 59 | . | 239 | 210 | 226 | 220 | 220 | 237 | 236 | 229 | 210 | 247 | 261 | 292 | 287 |
| 1960 | . | 310 | 290 | 294 | 276 | 292 | 303 | 318 | 326 | 284 | 331 | 345 | 340 | 324 |
| 61 | . | (339) | 326 | 325 | 345 | 336 | 344 | 351 | 327 | 270 | 333 | 362 | 377 | 378 |

| Jahr | 1938 = 100 | 1952 = 100 | J | F | M | A | M | J | J | A | S | O | N | D |
|---|---|---|---|---|---|---|---|---|---|---|---|---|---|---|
| **15. Fettverarbeitende Industrie[1]** | | | | | | | | | | | | | | |
| 1947 | 46 | . | . | . | . | . | . | . | . | . | . | . | . | . |
| 48 | 56 | . | . | . | . | . | . | . | . | . | . | . | . | . |
| 49 | 64 | 110 | 64 | 80 | 68 | 62 | 49 | 67 | 46 | 52 | 73 | 76 | 73 | 61 |
| 1950 | 77 | 92 | 59 | 62 | 61 | 68 | 67 | 65 | 71 | 80 | 119 | 115 | 82 | 71 |
| 51 | 86 | 118 | 86 | 106 | 106 | 89 | 83 | 96 | 71 | 60 | 83 | 84 | 89 | 80 |
| 52 | 76 | 100 | 77 | 84 | 85 | 74 | 64 | 70 | 78 | 68 | 71 | 88 | 78 | 70 |
| 53 | 86 | 113 | 77 | 80 | 81 | 90 | 94 | 103 | 76 | 69 | 91 | 92 | 88 | 94 |
| 54 | 91 | 119 | 82 | 82 | 88 | 86 | 96 | 99 | 76 | 73 | 98 | 109 | 99 | 105 |
| 1955 | 95 | 128 | 82 | 86 | 101 | 95 | 92 | 103 | 70 | 71 | 116 | 104 | 111 | 104 |
| 56 | 100 | 133 | 91 | 84 | 93 | 105 | 102 | 98 | 91 | 61 | 105 | 105 | 119 | 147 |
| 1956 | . | ,, | 128 | 118 | 137 | 136 | 134 | 139 | 137 | 80 | 142 | 142 | 147 | 157 |
| 57 | . | 132 | 147 | 142 | 130 | 130 | 128 | 134 | 114 | 81 | 156 | 145 | 145 | 139 |
| 58 | . | 128 | 142 | 144 | 130 | 141 | 126 | 145 | 119 | 77 | 132 | 139 | 132 | 124 |
| 59 | . | 117 | 119 | 125 | 123 | 121 | 121 | 127 | 107 | 75 | 130 | 137 | 116 | 112 |
| 1960 | . | 123 | 115 | 130 | 129 | 120 | 132 | 132 | 113 | 76 | 135 | 132 | 137 | 129 |
| 61 | . | (124) | 127 | 123 | 123 | 135 | 129 | 139 | 87 | 91 | 133 | 136 | 130 | 132 |

[1] Seifen-, Öl- und Margarineindustrie.

| Jahr | Jahresindices 1938 = 100 | Jahresindices 1952 = 100 | Monatliche Indexzahlen 1949—1956:1938 = 100. 1956—1961: 1952 = 100 J | F | M | A | M | J | J | A | S | O | N | D |
|---|---|---|---|---|---|---|---|---|---|---|---|---|---|---|
| **16. Gummiindustrie** | | | | | | | | | | | | | | |
| 1947 | 116 | . | . | . | . | . | . | . | . | . | . | . | . | . |
| 48 | 147 | . | . | . | . | . | . | . | . | . | . | . | . | . |
| 49 | 155 | 80 | 157 | 173 | 161 | 162 | 164 | 155 | 144 | 83 | 152 | 166 | 173 | 168 |
| 1950 | 173 | 88 | 170 | 183 | 113 | 137 | 184 | 188 | 187 | 109 | 198 | 208 | 209 | 193 |
| 51 | 202 | 104 | 198 | 206 | 202 | 211 | 216 | 209 | 198 | 212 | 200 | 215 | 216 | 214 |
| 52 | 200 | 100 | 217 | 216 | 202 | 209 | 202 | 203 | 189 | 113 | 209 | 215 | 215 | 206 |
| 53 | 200 | 101 | 187 | 197 | 197 | 206 | 206 | 218 | 202 | 101 | 211 | 219 | 224 | 236 |
| 54 | 229 | 114 | 233 | 233 | 233 | 230 | 246 | 243 | 226 | 125 | 243 | 244 | 250 | 240 |
| 1955 | 242 | 122 | 241 | 249 | 252 | 250 | 255 | 262 | 243 | 130 | 223 | 255 | 281 | 262 |
| 56 | 265 | 134 | 273 | 266 | 271 | 288 | 297 | 287 | 278 | 100 | 281 | 273 | 289 | 279 |
| 1956 | . | ,, | 137 | 135 | 135 | 143 | 145 | 143 | 142 | 52 | 143 | 149 | 155 | 140 |
| 57 | . | 146 | 149 | 154 | 153 | 157 | 161 | 159 | 143 | 54 | 156 | 155 | 158 | 161 |
| 58 | . | 153 | 163 | 169 | 163 | 170 | 165 | 167 | 162 | 46 | 163 | 162 | 163 | 161 |
| 59 | . | 160 | 155 | 167 | 165 | 169 | 173 | 177 | 163 | 53 | 175 | 177 | 176 | 179 |
| 1960 | . | 172 | 178 | 179 | 180 | 179 | 184 | 185 | 175 | 58 | 185 | 185 | 191 | 185 |
| 61 | . | (175) | 178 | 186 | 181 | 182 | 189 | 193 | 171 | 68 | 183 | 189 | 196 | 186 |
| **17. Papierindustrie** | | | | | | | | | | | | | | |
| 1947 | 80 | . | . | . | . | . | . | . | . | . | . | . | . | . |
| 48 | 100 | . | . | . | . | . | . | . | . | . | . | . | . | . |
| 49 | 100 | 93 | 106 | 108 | 111 | 111 | 111 | 104 | 80 | 58 | 94 | 99 | 105 | 111 |
| 1950 | 115 | 106 | 111 | 111 | 112 | 115 | 120 | 117 | 97 | 87 | 116 | 124 | 131 | 134 |
| 51 | 134 | 124 | 133 | 135 | 135 | 140 | 146 | 141 | 115 | 99 | 135 | 140 | 143 | 142 |
| 52 | 107 | 100 | 141 | 130 | 122 | 115 | 106 | 99 | 86 | 63 | 105 | 101 | 108 | 110 |
| 53 | 124 | 115 | 113 | 114 | 122 | 125 | 136 | 134 | 113 | 83 | 129 | 134 | 142 | 146 |
| 54 | 143 | 133 | 150 | 143 | 146 | 144 | 159 | 150 | 132 | 84 | 146 | 152 | 158 | 154 |
| 1955 | 156 | 146 | 157 | 159 | 162 | 160 | 164 | 164 | 144 | 102 | 158 | 164 | 172 | 166 |
| 56 | 170 | 159 | 173 | 174 | 171 | 177 | 193 | 180 | 160 | 100 | 171 | 178 | 182 | 187 |
| 1956 | . | ,, | 162 | 162 | 159 | 166 | 180 | 169 | 150 | 93 | 160 | 166 | 170 | 175 |
| 57 | . | 173 | 175 | 176 | 181 | 178 | 194 | 185 | 155 | 107 | 177 | 179 | 187 | 188 |
| 58 | . | 180 | 187 | 187 | 190 | 187 | 192 | 189 | 167 | 101 | 191 | 191 | 202 | 195 |
| 59 | . | 196 | 198 | 200 | 203 | 206 | 217 | 208 | 180 | 110 | 201 | 208 | 216 | 221 |
| 1960 | . | 221 | 232 | 223 | 225 | 226 | 237 | 228 | 208 | 120 | 227 | 237 | 248 | 240 |
| 61 | . | (233) | 242 | 244 | 243 | 245 | 252 | 245 | 207 | 133 | 236 | 248 | 252 | 248 |
| **18. Druckerei- und Vervielfältigungsindustrie** | | | | | | | | | | | | | | |
| 1947 | 82 | . | . | . | . | . | . | . | . | . | . | . | . | . |
| 48 | 94 | . | . | . | . | . | . | . | . | . | . | . | . | . |
| 49 | 100 | 88 | 114 | 115 | 111 | 108 | 111 | 111 | 101 | 81 | 76 | 81 | 95 | 96 |
| 1950 | 98 | 86 | 95 | 92 | 96 | 94 | 101 | 100 | 93 | 84 | 88 | 104 | 113 | 113 |
| 51 | 120 | 106 | 112 | 113 | 113 | 115 | 123 | 127 | 117 | 107 | 107 | 125 | 138 | 140 |
| 52 | 113 | 100 | 143 | 144 | 140 | 127 | 115 | 105 | 98 | 86 | 93 | 99 | 105 | 104 |
| 53 | 115 | 101 | 105 | 109 | 108 | 112 | 119 | 122 | 116 | 106 | 106 | 116 | 129 | 129 |
| 54 | 133 | 117 | 128 | 126 | 132 | 132 | 139 | 138 | 134 | 117 | 125 | 132 | 147 | 142 |
| 1955 | 152 | 134 | 142 | 145 | 152 | 154 | 157 | 157 | 149 | 139 | 139 | 153 | 167 | 168 |
| 56 | 176 | 155 | 170 | 172 | 176 | 173 | 175 | 173 | 173 | 156 | 162 | 176 | 200 | 201 |
| 1956 | . | ,, | 150 | 152 | 156 | 153 | 154 | 153 | 153 | 138 | 143 | 156 | 177 | 178 |
| 57 | . | 166 | 179 | 178 | 184 | 175 | 177 | 163 | 161 | 147 | 155 | 158 | 163 | 160 |
| 58 | . | 173 | 163 | 171 | 176 | 175 | 179 | 176 | 173 | 153 | 158 | 164 | 183 | 182 |
| 59 | . | 175 | 184 | 185 | 184 | 186 | 184 | 185 | 168 | 145 | 142 | 159 | 185 | 187 |
| 1960 | . | 192 | 184 | 186 | 190 | 189 | 195 | 190 | 184 | 159 | 170 | 188 | 213 | 218 |
| 61 | . | (205) | 217 | 214 | 210 | 203 | 211 | 212 | 209 | 178 | 177 | 188 | 216 | 220 |

| Jahr | Jahresindices | | Monatliche Indexzahlen | | | | | | | | | | | |
|---|---|---|---|---|---|---|---|---|---|---|---|---|---|---|
| | | | 1949—1956:1938 = 100. 1956—1961: 1952 = 100 | | | | | | | | | | | |
| | 1938 = 100 | 1952 = 100 | J | F | M | A | M | J | J | A | S | O | N | D |
| **19. Textilindustrie** | | | | | | | | | | | | | | |
| 1947 | 89 | · | · | · | · | · | · | · | · | · | · | · | · | · |
| 48 | 102 | · | · | · | · | · | · | · | · | · | · | · | · | · |
| 49 | 101 | 95 | 99 | 106 | 108 | 108 | 110 | 110 | 80 | 75 | 106 | 100 | 104 | 109 |
| 1950 | 109 | 107 | 108 | 111 | 108 | 113 | 115 | 112 | 86 | 86 | 111 | 117 | 124 | 115 |
| 51 | 115 | 110 | 116 | 121 | 116 | 123 | 127 | 120 | 93 | 92 | 117 | 119 | 122 | 114 |
| 52 | 103 | 100 | 118 | 117 | 113 | 113 | 105 | 104 | 75 | 67 | 101 | 106 | 109 | 105 |
| 53 | 107 | 106 | 102 | 105 | 105 | 109 | 113 | 112 | 85 | 76 | 114 | 115 | 122 | 122 |
| 54 | 115 | 113 | 117 | 117 | 117 | 119 | 126 | 121 | 98 | 77 | 118 | 117 | 124 | 123 |
| 1955 | 109 | 110 | 119 | 118 | 115 | 111 | 115 | 115 | 86 | 78 | 110 | 110 | 120 | 112 |
| 56 | 116 | 119 | 115 | 114 | 114 | 123 | 129 | 125 | 113 | 54 | 124 | 126 | 133 | 127 |
| 1956 | · | ,, | 117 | 115 | 115 | 126 | 132 | 125 | 119 | 61 | 125 | 131 | 137 | 133 |
| 57 | · | 132 | 134 | 139 | 135 | 141 | 147 | 143 | 110 | 85 | 139 | 137 | 144 | 145 |
| 58 | · | 128 | 145 | 148 | 141 | 143 | 143 | 140 | 125 | 61 | 129 | 127 | 128 | 118 |
| 59 | · | 123 | 110 | 114 | 116 | 127 | 136 | 132 | 113 | 68 | 134 | 138 | 147 | 149 |
| 1960 | · | 135 | 143 | 139 | 139 | 139 | 143 | 144 | 133 | 62 | 139 | 142 | 151 | 145 |
| 61 | · | (138) | 135 | 146 | 147 | 145 | 147 | 145 | 126 | 67 | 148 | 149 | 153 | 145 |
| **20. Lederindustrie** | | | | | | | | | | | | | | |
| 1947 | 71 | · | · | · | · | · | · | · | · | · | · | · | · | · |
| 48 | 78 | · | · | · | · | · | · | · | · | · | · | · | · | · |
| 49 | 67 | 85 | 67 | 65 | 60 | 53 | 57 | 65 | 42 | 47 | 91 | 84 | 93 | 75 |
| 1950 | 75 | 97 | 72 | 70 | 64 | 72 | 76 | 71 | 77 | 56 | 85 | 94 | 79 | 87 |
| 51 | 73 | 96 | 82 | 83 | 77 | 83 | 69 | 72 | 67 | 50 | 71 | 76 | 75 | 65 |
| 52 | 64 | 100 | 67 | 64 | 64 | 65 | 62 | 64 | 60 | 54 | 67 | 65 | 66 | 64 |
| 53 | 59 | 100 | 59 | 61 | 62 | 57 | 64 | 60 | 49 | 50 | 59 | 58 | 62 | 59 |
| 54 | 65 | 107 | 64 | 60 | 58 | 66 | 70 | 71 | 65 | 51 | 69 | 66 | 77 | 66 |
| 1955 | 57 | 103 | 62 | 66 | 62 | 59 | 60 | 55 | 51 | 41 | 53 | 55 | 60 | 56 |
| 56 | 54 | 103 | 56 | 53 | 52 | 57 | 58 | 54 | 47 | 40 | 58 | 56 | 59 | 59 |
| 1956 | · | ,, | 109 | 106 | 100 | 109 | 111 | 102 | 89 | 76 | 110 | 108 | 111 | 115 |
| 57 | · | 114 | 112 | 119 | 115 | 118 | 115 | 120 | 97 | 83 | 120 | 123 | 131 | 126 |
| 58 | · | 106 | 124 | 123 | 127 | 129 | 114 | 110 | 88 | 70 | 98 | 100 | 110 | 101 |
| 59 | · | 105 | 97 | 109 | 106 | 116 | 117 | 118 | 86 | 77 | 113 | 110 | 110 | 112 |
| 1960 | · | 103 | 112 | 112 | 106 | 102 | 103 | 102 | 76 | 71 | 101 | 107 | 126 | 119 |
| 61 | · | (111) | 106 | 120 | 113 | 110 | 114 | 118 | 99 | 69 | 110 | 119 | 130 | 128 |
| **21. Tabakverarbeitung und Streichholzerzeugung** | | | | | | | | | | | | | | |
| 1947 | 111 | · | · | · | · | · | · | · | · | · | · | · | · | · |
| 48 | 117 | · | · | · | · | · | · | · | · | · | · | · | · | · |
| 49 | 128 | 88 | 119 | 130 | 138 | 134 | 138 | 136 | 124 | 26 | 134 | 152 | 147 | 154 |
| 1950 | 146 | 93 | 150 | 153 | 159 | 147 | 160 | 160 | 155 | 27 | 150 | 166 | 173 | 150 |
| 51 | 154 | 102 | 161 | 156 | 153 | 169 | 177 | 176 | 174 | 54 | 144 | 176 | 172 | 135 |
| 52 | 152 | 100 | 173 | 173 | 158 | 163 | 154 | 162 | 150 | 25 | 150 | 177 | 168 | 166 |
| 53 | 149 | 101 | 146 | 155 | 166 | 168 | 154 | 165 | 139 | 17 | 157 | 165 | 171 | 179 |
| 54 | 159 | 107 | 138 | 150 | 159 | 161 | 188 | 182 | 166 | 24 | 178 | 182 | 185 | 192 |
| 1955 | 164 | 107 | 181 | 169 | 179 | 172 | 179 | 183 | 155 | 34 | 173 | 176 | 182 | 180 |
| 56 | 192 | 114 | 187 | 178 | 194 | 205 | 210 | 209 | 215 | 61 | 205 | 228 | 214 | 195 |
| 1956 | · | ,, | 116 | 112 | 118 | 123 | 126 | 124 | 121 | 29 | 122 | 136 | 128 | 117 |
| 57 | · | 121 | 136 | 131 | 129 | 137 | 138 | 130 | 122 | 25 | 134 | 128 | 121 | 134 |
| 58 | · | 130 | 141 | 139 | 138 | 139 | 134 | 146 | 125 | 23 | 141 | 152 | 148 | 147 |
| 59 | · | 127 | 141 | 139 | 139 | 142 | 132 | 145 | 112 | 24 | 139 | 138 | 143 | 141 |
| 1960 | | 132 | 132 | 136 | 145 | 138 | 148 | 145 | 128 | 25 | 147 | 141 | 150 | 147 |
| 61 | | (135) | 142 | 144 | 144 | 140 | 145 | 148 | 127 | 38 | 148 | 151 | 156 | 144 |

| Jahr | Jahresindices | | Monatliche Indexzahlen | | | | | | | | | | | |
|---|---|---|---|---|---|---|---|---|---|---|---|---|---|---|
| | 1938 = 100 | 1952 = 100 | 1949—1956:1938 = 100. 1956—1961: 1952 = 100 | | | | | | | | | | | |
| | | | J | F | M | A | M | J | J | A | S | O | N | D |

## 22. Baugewerbe und öffentliche Arbeiten

| Jahr | 1938 = 100 | 1952 = 100 | J | F | M | A | M | J | J | A | S | O | N | D |
|---|---|---|---|---|---|---|---|---|---|---|---|---|---|---|
| 1947 | 122 | . | . | . | . | . | . | . | . | . | . | . | . | . |
| 48 | 123 | . | . | . | . | . | . | . | . | . | . | . | . | . |
| 49 | 125 | 89 | 117 | 117 | 124 | 128 | 131 | 131 | 124 | 112 | 134 | 133 | 124 | 127 |
| 1950 | 123 | 89 | 116 | 117 | 121 | 121 | 128 | 133 | 126 | 112 | 131 | 133 | 128 | 113 |
| 51 | 132 | 95 | 122 | 123 | 128 | 131 | 133 | 135 | 133 | 118 | 138 | 146 | 140 | 132 |
| 52 | 137 | 100 | 127 | 123 | 139 | 143 | 148 | 143 | 143 | 121 | 146 | 153 | 131 | 127 |
| 53 | 135 | 101 | 104 | 118 | 140 | 144 | 140 | 144 | 138 | 117 | 144 | 150 | 142 | 139 |
| 54 | 138 | 104 | 112 | 104 | 139 | 142 | 143 | 145 | 143 | 129 | 150 | 153 | 148 | 149 |
| 1955 | 147 | 110 | 125 | 126 | 134 | 153 | 157 | 161 | 156 | 132 | 156 | 160 | 154 | 151 |
| 56 | 144 | 112 | 142 | 81 | 146 | 154 | 156 | 159 | 149 | 124 | 153 | 160 | 154 | 149 |
| 1956 | . | ,, | 107 | 60 | 109 | 114 | 117 | 119 | 114 | 93 | 115 | 118 | 115 | 112 |
| 57 | . | 121 | 107 | 111 | 118 | 117 | 127 | 130 | 124 | 100 | 125 | 127 | 121 | 119 |
| 58 | . | 121 | 115 | 116 | 124 | 125 | 125 | 132 | 126 | 95 | 127 | 129 | 119 | 117 |
| 59 | . | 121 | 113 | 109 | 122 | 125 | 118 | 131 | 127 | 96 | 127 | 129 | 130 | 123 |
| 1960 | . | 124 | 110 | 115 | 133 | 126 | 131 | 132 | 129 | 103 | 131 | 132 | 126 | 123 |
| 61 | . | (129) | 120 | 124 | 137 | 131 | 131 | 141 | 133 | 110 | 140 | 138 | 129 | 116 |

## 23. Geschätzte Jahresindices für einige Industriezweige, die in der französischen Produktionsstatistik nicht erfaßt werden (1952 = 100)

| Jahr | Nahrungsmittel-industrie | Bekleidungsindustrie und Stoffverarbeitung | Holz- und Möbelindustrie |
|---|---|---|---|
| 1947 | . | . | . |
| 48 | . | . | . |
| 49 | 95 | 96 | 91 |
| 1950 | 109 | 106 | 95 |
| 51 | 109 | 112 | 100 |
| 52 | 100 | 100 | 100 |
| 53 | 110 | 101 | 102 |
| 54 | 110 | 108 | 109 |
| 1955 | 116 | 103 | 115 |
| 56 | 117 | 110 | 120 |
| 57 | 126 | 123 | 132 |
| 58 | 128 | 117 | 143 |
| 59 | . | . | . |
| 1960 | . | . | . |
| 61 | . | . | . |

Die Schätzungen beruhen auf der Entwicklung der Beschäftigung, des Rohstoffverbrauchs und des Stromverbrauchs.

Quellen: Annuaire Statistique de la France 1957, 1958, 1959.

Berichtigung zur „Statistischen Beilage“, 9. Folge (Heft 1/1962):

1. In Tabelle 2, 1950, September, lautet die Indexzahl richtig: 121,7 (nicht: 132,7).
2. In Tabelle 9, 1951, April, lautet die Indexzahl richtig: 131,3 (nicht: 132,3).
3. Der Titel der Tabelle 44 muß richtig lauten: Druckerei und Vervielfältigungsindustrie (1,97)

# Konjunktur und Krise

Wissenschaftliches Bulletin des Instituts für Wirtschaftswissenschaften
bei der Deutschen Akademie der Wissenschaften zu Berlin

6. Jahrgang 1962 Heft 4

## Marx und die mathematische Analyse des Zyklus

Zoltán Kenessey

In den letzten Jahren wurden bereits mehrmals die folgenden Zeilen von Marx zitiert[1], die in einem Brief an Engels vom 31. 5. 1873 aus Manchester zu lesen sind:

„... Ich habe hier Moore eine Geschichte mitgeteilt, mit der ich mich privatim lang herumgebalgt. Er glaubt aber, daß die Sache unlösbar ist, oder wenigstens, wegen der vielen und großenteils erst auszufindenden Faktoren, die darin eingehn, pro tempore unlösbar ist. Die Sache ist die: Du kennst die Tabellen, worin Preise, discount-rate etc., etc. in ihrer Bewegung während des Jahres etc. in auf- und absteigenden Zickzacks dargestellt sind. Ich habe verschiednemal versucht – zur Analysen der Krisen –, diese ups and downs als unregelmäßige Kurven zu berechnen, und geglaubt (ich glaube noch, daß es mit hinreichend gesichtetem Material möglich ist), daraus die Hauptgesetze der Krisen mathematisch zu bestimmen. Moore, wie gesagt, hält die Sache einstweilen für untubar, und ich habe beschlossen, for the time being es aufzugeben ..."[2]

Aus dem Brief geht hervor, daß Marx bereits zu jener Zeit, als die Statistik, Mathematik und Rechentechnik unvergleichbar weniger entwickelt waren als heute, der Meinung war, daß mit entsprechend geordnetem Material die Gesetzmäßigkeiten der Wirtschaftskrise mit Erfolg mathematisch ausgearbeitet werden können.

Dieser Umstand ist nicht in erster Linie vom Gesichtspunkt des allgemeinen Verhältnisses von Marx zur Mathematik von Interesse. Daß Marx die mathematischen Methoden seines Zeitalters gründlich kannte, sich mit ihnen viel beschäftigte und sie sogar auf einigen Gebieten (Differentialrechnung) weiterentwickelte, ist eine allgemein bekannte Tatsache. Jeder, der das „Kapital" studiert hat, weiß auch, daß Marx zur Demonstration zahlreicher grundlegender Zusammenhänge (z. B. der einfachen und erweiterten Reproduktion, Grundrente, Mehrwertrate und Profitrate) mathematische Darlegungen und Beweise verwendete und seine Thesen oftmals mit fiktiven zahlenmäßigen Beispielen illustrierte.

[1] Unter anderem in dem von dem Akademiker U. S. Njemtschinow redigierten Band I des Werkes: Die Anwendung der Mathematik in den ökonomischen Forschungen, Moskau.

[2] Marx/Engels, Briefe über „Das Kapital". Berlin 1954, S. 221.

Auch das Verhältnis von MARX zur Statistik braucht nicht näher erörtert zu werden. Man kann sich eine weitgehendere Würdigung und kritischere Anwendung von Tatsachen und zahlenmäßigen Zusammenhängen kaum vorstellen, als es bei der Ausarbeitung der drei Bände des „Kapitals" geschehen ist. MARX kannte das statistische Material seiner Zeit zweifellos gut und schöpfte es tiefgehend bei seinen ökonomischen Forschungen aus.

Es wurde bisher aber wenig beachtet, daß die mathematischen und statistischen Untersuchungen von MARX auch noch einen anderen, besonderen Aspekt haben. Das Bemühen zur mathematischen Bestimmung des Reproduktionsprozesses und der Hauptgesetze der Krisen enthält sowohl in der Anwendung der statistischen Stoffe, als auch in der Anwendung mathematischer Methoden ein qualitativ neues Element. Über die Anwendung mathematischer Methoden an abstrakten Beispielen und über die zahlenmäßige Analyse der statistischen Zusammenhänge hinaus war MARX bestrebt, die konkrete Bewegung der Wirtschaft und die Gesetzmäßigkeit der diesbezüglichen statistischen Daten auf mathematischer Grundlage zu bestimmen. Es handelt sich bei MARX — im Zusammenhang mit der mathematischen Darlegung der Gesetzmäßigkeiten der Krise — um den Gedanken einer komplexen Anwendung der mathematischen Methoden, der statistischen Daten und der ökonomischen Theorie. Die bürgerliche ökonomische Theorie ist mit der Entwicklung der Ökonometrie erst in den dreißiger Jahren durch die Arbeiten von RAGNAR FRISCH und anderen an diesem Punkt angelangt. Um einen heutigen Begriff zu verwenden, könnten wir sagen, daß MARX in den Jahren 1850—1870 bestrebt war, ein konkretes (statistisch verifizierbares) „makroökonomisches Modell" auszuarbeiten. Zum Vergleich sei erwähnt, daß das erste in der bürgerlichen Ökonomielehre statistisch begründete „makroökonomische Modell" 1939 von TINBERGEN veröffentlicht wurde.

Wir untersuchten MARX' Nachlaß in den vergangenen Jahren hinsichtlich mathematischer und statistischer Arbeiten unter folgenden Gesichtspunkten:

a) ob in den bisher nicht veröffentlichten Manuskripten MARX' oder in den veröffentlichten aber weniger bekannten Werken solche Tabellen zu finden sind, wie sie MARX in seinem obenzitierten Brief erwähnt;

b) ob MARX auch schriftlich den Versuch gemacht hat, die Hauptgesetze der Krisen mathematisch zu bestimmen, oder ob wenigstens die Berechnungen aufzufinden sind, welche er laut seinem Brief anstellte;

c) mit welchen Methoden MARX die Krisen analysierte, und ob in diesen Analysen Spuren von Gedanken bzw. bestimmte Hinweise zu finden sind, die in dem Brief erwähnt wurden.

### *1. Die Tabellen in Marx' Nachlaß*

Das Auffinden der in dem Brief an ENGELS erwähnten Tabellen aus dem handgeschriebenen Material brachte viele Schwierigkeiten mit sich. Die Geschichte der einen gewaltigen geistigen und einen nicht geringen materiellen Wert besitzenden Handschriften könnte allein der Stoff einer besonderen Abhandlung sein. Hier soll nur bemerkt werden, daß ein bedeutender Teil der Original-Handschriften zur Zeit in Amsterdam, im Institut für Internationale Sozialgeschichte (International Institute for Social History) aufbewahrt wird.

Für die Untersuchung waren die Notizhefte von MARX, die sog. „Excerpten", die in diesem Institut aufbewahrt werden, sehr wichtig.

Die Notizbücher in Amsterdam, deren Einsichtnahme das Institute for Social History uns liebenswürdigerweise ermöglichte, sind — obwohl sie nur einen kleinen Teil des statistischen Nachlasses von MARX bilden[3] — vom Gesichtspunkt der mathematischen Untersuchungen MARX' von bedeutendem Interesse, weil sie ein umfangreiches Material über den Reproduktionsprozeß und über die Entwicklung der Krisen enthalten. Von besonderer Bedeutung sind in dieser Hinsicht die Notizhefte MARX' aus der Krisenzeit 1857 und 1866.

Mit der Krise von 1857 befassen sich zwei der Notizbücher in Amsterdam.[4] Der Titel des ersten lautet: „Das Buch von der Krise des Jahres 1857, London, 12. 12. 1857 (angefangen)"[5] — dieses Buch enthält 61 Seiten großen Formats. Das zweite, dessen Titel „Das Buch der Handelskrise, Januar 1858" lautet[6], enthält 60 Seiten im selben Format.

Das erste Buch, das hauptsächlich Informationen über die Zeit zwischen dem 2. und 29. Dezember enthält — Zeitungsausschnitte, von MARX selbst verfaßte Tabellen, Daten, Nachrichten, usw. — geht stellenweise bis zum November zurück, bzw. dehnt sich auch auf Daten vom Januar 1858 aus. Das zweite Buch, das die Fortsetzung des ersten bildet, enthält das Material der Zeit zwischen dem 30. 12. 1857 und dem 17. 2. 1858. Von den beiden Büchern ist das zweite besser geordnet — bei seiner Anlage hat MARX wahrscheinlich schon seine Erfahrungen bei der Handhabung des ersten Buches verwendet. Wir behandeln deshalb im folgenden das zweite Buch.

MARX verwandte eine bestimmte Methode für seine Aufzeichnungen. Sein System wollen wir im folgenden auf Grund der Handschrift MARX' in englischer Sprache[7] unter Beibehaltung der ursprünglichen römischen und arabischen Numerierung und griechischen Buchstabenbezeichnung beschreiben. Die deutsche Übersetzung der Gliederung des Systems des Buches ist wie folgt:

„I. Geldmarkt
 1. Bank von England
 2. Goldmarkt
  .) Ein- und Ausströmung des Goldes
  .) Die Bewegung des Silbers
  .) Valuten

[3] Es war bisher noch nicht möglich, den statistischen Nachlaß von MARX methodisch zu bearbeiten. Wir wissen aus zahlreichen Hinweisen, daß dieses Material recht umfangreich ist, und wenn wir auch damit rechnen, daß ein Teil davon verlorengegangen ist, wird eine umfassende Bearbeitung — die früher oder später erfolgen muß — viel Mühe bereiten. Aus dem Brief ENGELS' an Sorge vom 29. 6. 1883 wissen wir, daß MARX das russische und amerikanische statistische Material ausgiebig bearbeitete. „Wäre nicht das massenhafte amerikanische und russische Material (an russischer Statistik allein über zwei Kubikmeter Bücher) gewesen, der II. Band wäre längst gedruckt. Diese Detailstudien haben ihn jahrelang aufgehalten." MARX/ENGELS, Briefe über „Das Kapital", a. a. O., S. 278.

[4] Bezeichnungen B 83 und B 87.

[5] Book of the Crisis of 1857, London, 12. December 1857 (Commenced).

[6] The Book of the Commercial Crisis, January 1858.

[7] Die Zeitungsausschnitte, Notizen, Tabellen sind ebenfalls in englischer Sprache verfaßt.

3. Anleihemarkt
4. Bankrotte
5. Wertpapiere
   Anleihescheine
   Aktienmarkt

II. Produktenmarkt
1. Rohstoffe für Textilprodukte
   Baumwolle
   Seide
   Wolle
2. Metalle
3. Roh- und Fertigleder
4. Mincinglane[8]
5. Getreidemarkt

III. Industriemarkt
IV. Absatzmarkt
V. Verschiedenes"

Der Aufbau des Systems spiegelt einerseits die statistischen und anderen Informationsmöglichkeiten der Zeit wider und gibt andererseits einen Einblick in die Gruppierung der damaligen Zahlenreihen der kapitalistischen Reproduktion durch MARX.

Es lohnt sich, diese Gruppierung mit einer damaligen offiziellen Gruppierung, dem strukturellen Aufbau des englischen statistischen Jahrbuchs, zu vergleichen. Das Jahrbuch der Jahre 1840—1854[9] enthielt z. B. folgende Abschnitte (in Klammern die Zahl der Tabellen innerhalb des Abschnittes): Staatliche Einnahmen und Ausgaben (8), Import (6), Export (5), Gold (1), Schiffahrt (7), Steuern (3), Landwirtschaft (2), Geld, Münzen (1), Sparkassen (1), Bank von England (4), Bevölkerung (1), Geburten (1), Unterrichtswesen (2), Paupers (4), Kriminelle (1), Emigration (1), Eisenbahnen (1). Der Unterschied zwischen der inneren Logik und der ökonomischen Begründung der beiden Gruppierungen erfordert keinen Kommentar.

In diesem Artikel ist es nicht möglich, die Notizen von MARX umfassend zu erörtern. Wir haben uns nur das Ziel gesetzt, die Eigenart der MARXschen Methode bei der Bewältigung des Stoffes darzulegen.

So sammelte MARX z. B. im Teil über den Geldmarkt auf Grund der Wochenmeldungen der Bank of England das Material zur Demonstration des Banknotenverkehrs, der Einlagen, des Umsatzes und der Reserven der Bank. Gleich in diesem ersten Teil des ,,Krisenbuches" befindet sich die folgende Tabelle über die Bewegung der Diskontrate. Auf derartige Tabellen bezieht sich wahrscheinlich der anfangs zitierte MARX-Brief.[10] Die auf der dritten Seite dieses Buches aufgeklebte Tabelle[11] zeigt z. B. die Veränderungen des Zinsfußes von

[8] Englische Börse von Kolonialwaren und anderen Produkten. Mangels einezusammenfassenden Bezeichnung für diese Warengruppe hat MARX die Börsenbezeichrnung benutzt.

[9] Statistical Abstract for the United Kingdom for each of the fifteen years, from 1840 to 1854. (Reprint), London 1870.

[10] Der zitierte Brief von MARX erwähnt ,,Tabellen, worin Preise, discount-rate etc., etc. . . dargestellt sind".

[11] Keine Quellenangabe, wahrscheinlich aus der ,,Times" ausgeschnitten.

1845 bis 1857. Der unter der Tabelle angefügte, von MARX ebenfalls ausgeschnittene erklärende Text lautet:

„Die folgende interessante Tabelle zeigt die minimale Diskontrate der Bank von England, die Goldvorräte zu den Zeitpunkten der Veränderungen, die Diskontraten der Londoner brokers in allen betreffenden Jahren. Die entsprechenden Zeitabschnitte innerhalb der Periode 1847 bis 1857 sind genügend ausgeprägt, um die Entstehung der Panik bei den hervorgehobenen Daten zu zeigen."

„8. Dezember (Montag)

| Datum | Bank-Zinsfuß | Gold | Diskontraten | |
|---|---|---|---|---|
| | | | Höchste | Niedrigste |
| 13. 3. 1845 | 3½ | 15,410.000 | | |
| 16. 10. | 3 | 14,988.000 | 4½ | 2½ |
| 6. 11. | 3½ | 13,950.000 | | |
| 17. 8. 1846 | 3 | 15,935.000 | 5 | 3 |
| 14. 1. 1847 | 3½ | 13,948.000 | | |
| 21. 1. | 4 | 12,901.000 | | |
| 8. 4. | 5 | 9,867.000 | | |
| 5. 8. | 5½ | 9,410.000 | | |
| 23. 9. | 6 | 8,783.000 | | |
| 25. 10. | 8 | 8,312.000 | | |
| 22. 11. | 7 | 10,017.000 | | |
| 2. 12. | 6 | 11,032.000 | | |
| 23. 12. | 5 | 12,236.000 | | |
| 27. 1. 1848 | 4 | 13,390.000 | | |
| 15. 6. | 3½ | 14,169.000 | 4½ | 2½ |
| 2. 11. | 3 | 13,407.000 | | |
| 22. 11. 1849 | 2½ | 16,380.000 | 2¾ | 2¼ |
| 26. 12. 1850 | 3 | 15,521.000 | 2¾ | 2¼ |
| 26. 12. 1851 | . | . | 3½ | 2¾ |
| 1. 1. 1852 | 2½ | 17,557.000 | | |
| 22. 4. | 2 | 19,587.000 | 2½ | 1¾ |
| 18. 7. | 2 | 22,232.000 | | |
| 6. 1. 1853 | 2½ | 19,765.000 | | |
| 20. 1. | 3 | 19,404.000 | | |
| 2. 6. | 3½ | 18,254.000 | 5½ | 2¾ |
| 1. 9. | 4 | 16,500.000 | | |
| 15. 9. | 4½ | 15,862.000 | | |
| 29. 9. | 5 | 15,613.000 | | |
| 11. 5. 1854 | 5½ | 12,589.000 | 6 | 4½ |
| 3. 8. | 5 | 13,299.000 | | |
| 5. 4. 1855 | 4½ | 15,079.000 | | |
| 3. 5. | 4 | 15,619.000 | | |
| 14. 6. | 3½ | 18,061.000 | | |
| 6. 9. | 4 | 14,217.000 | | |
| 13. 9. | 4½ | 13,698.000 | 7½ | 3 |
| 27. 9. | 5 | 12,939.000 | | |
| 4. 10. | 5½ | 12,279.000 | | |
| 18. 10. | 6 | 11,230.000 | | |
| 24. 4. 1856 | 6 | 9,723.000 | | |
| 29. 5. | 5 | 11,385.000 | | |

| Datum | Bank-Zinsfuß | Gold | Diskontraten | |
|---|---|---|---|---|
| | | | Höchste | Niedrigste |
| 26. 6. | 4½ | 13,074.000 | | |
| 1. 10. | 5 | 11,770.000 | | |
| 6. 10. | 6 | 10,787.000 | 7½ | 4¼ |
| 14. 11. | 7 | 9,540.000 | | |
| 3. 12. | 6½ | 10,411.000 | | |
| 18. 12. | 6 | 10,692.000 | | |
| 2. 4. 1857 | 6½ | 9,987.000 | | |
| 18. 6. | 6 | 10,909.000 | | |
| 16. 7. | 5½ | 11,592.000 | | |
| 8. 10. | 6 | 10,663.000 | | |
| 19. 10. | 7 | 10,110.000 | 12 | 5³/₈ |
| 12. 10. | 8 | 9,524.000 | | |
| 5. 11. | 9 | 8,498.000 | | |
| 9. 11. | 10 | 7,170.000 | | |
| 24. 12. | 8 | 10,753.000 | | |

MARX sammelte in seinem Notizbuch viele Informationen und Daten über die Einfuhr von Edelmetallen, ausländische Auszahlungen und die Lage des Anleihemarktes. Es befinden sich hier viele großformatige, eigenhändig angefertigte statistische Tabellen. Mit großer Sorgfalt registrierte MARX die Meldungen über Bankrotte. Das erste Notizbuch der „Krisenbücher" beginnt mit dem Verzeichnis der Bankrotte. (In dem zweiten wurden die Bankrotte nach den Abschnitten über den Geldmarkt aufgeführt.) Die ersten Seiten des Notizbuches sind in MARX' Handschrift ausgefüllt mit Daten über bankrotte Unternehmungen. Die Bankrotte in London verfolgte MARX täglich (die eingetretenen Bankrotte wurden numeriert). Die Aufzeichnung MARX' vom 8. 12. 1857 lautet z. B. wie folgt:

| | |
|---|---|
| „8. Albert Pelly & Co. (Norwegischer Handel) | 170.00 |
| 9. Krell and Cohn (Deutscher Handel) | 100.000 |
| 10. Lichtenstern & Co. (derselbe) | 80.000" |

MARX addierte auch gelegentlich die Passiva der bankrotten Firmen. Bei seinen Eintragungen über die Bankrotte — wie in vielen Fällen bei den Eintragungen und Tabellen — gibt MARX keine Quellen an; in dem zweiten Buch bezieht er sich als Quelle auf die „Gazette". (Hier zeichnet MARX folgendes auf: „1. Januar. Die heutige Gazette bringt u. a. folgende Bankrotte:") MARX führte eine große Tabelle über die Börsenkurse der Wertpapiere in seinem Notizbuch. Die Rubriken der Tabelle waren vom 21. 12. 1857 bis zum 21. 4. 1858 vorbereitet, sie wurden aber nur bis zum 22. 1. 1858 ausgefüllt. Neben der Tabelle der Aktienkurse befindet sich auch eine ausführliche Tabelle über die wöchentliche Entwicklung des Eisenbahnverkehrs.

MARX beobachtete in dieser Zeit mit größter Sorgfalt die Preise der verschiedenen Rohstoffe und anderer Produkte. In bezug auf Baumwolle vermerkte er neben den Preisen auch die Angaben über Importe, den Verbrauch, den Export und die geschätzten Vorräte. Die Daten über Wolle sind weniger ausführlich, dafür aber um so mehr die Tabellen über Kupfer, Roheisen, Blei, Zinn usw. Die „Mincinglane"-Tabellen enthalten die Öffnungs- und Schlußkurse von einer

Vielzahl von Waren (Kaffee, Kakao, Obst, Indigo, Reis, Öle, Tee, Tabak, Wein usw.) vom 1., 8., 15., 22. und 29. Januar sowie vom 5. und 12. Februar 1858. Die Kaffeekurse sind nach Herkunft aus 12 Börsen und manchmal nach Qualität angegeben, die Zuckerkurse machen allein eine halbe Seite aus usw.

Die in dem Notizbuch angeführten Daten, Informationen, Tabellen usw. befassen sich größtenteils natürlich mit den Tagesproblemen der Krise und deren Erscheinungen, es wurden aber auch zahlreiche Tabellen zwecks Gewinnung längerer Übersichten angefertigt. Eine davon ist z. B. die Übersicht über die Baumwollpreise von 1852 bis 1858. Die Preise sind Notierungen aus Manchester; die Seitenrubriken, von denen wir nur die erste anführen, stammen aus Zeitungsausschnitten, die Kopfrubriken, die Liniierung der Tabelle und die Daten sind in Marx' Handschrift.

| Rohbaumwolle | Dez. 52 | Dez. 53 | Dez. 54 | Dez. 55 | Dez. 56 | 31. Dez. 57 | 1. Jan. 58 | 14. Jan. 58 | 21. Jan. 58 |
|---|---|---|---|---|---|---|---|---|---|
| Uplaine fair 1 lb | 0.6 $^1/_3$ | 0.6 $^3/_8$ | 0.6 | 0.5 | 0.7 $^1/_8$ | 0.6 $^1/_4$ | 0.6 $^5/_8$ | 0.6 $^1/_2$ | 0.6 $^3/_4$ |

Das Notizbuch diente außerdem zur Aufzeichnung von sehr vielen anderen Informationen (Export- und Importdaten, Angaben über Wollproduktion und -verbrauch usw.). Folgende Tabelle bezieht sich auf die Arbeitslosigkeit:

**Fabriken in Manchester nach voller und verkürzter Arbeitszeit**
**Beschäftigte und unbeschäftigte Arbeiter**

| Klassen | Normal beschäftigt | Voll arbeitend | Verkürzt arbeitend | arbeitslos |
|---|---|---|---|---|
| Baumwollweber | 24,964 | 11,371 | 9,400 | 4,193 |
| Seidenweber | 4,941 | 1,080 | 2,458 | 1,403 |
| . | . | . | . | . |
| . | . | . | . | . |
| . | . | . | . | . |
| Maschinenindustrie | 6,932 | 2,015 | 3,093 | 1,824 |
| Gießer | 3,344 | 2,496 | 446 | 402 |
| Zusammen | 46,404 | 18,594 | 19,077 | 8,733 |

Bemerkung: Auf die Zeitungsausschnitte notierte Marx: „6. Januar (Mittwoch)"

Im Rahmen dieser Abhandlung ist es nicht möglich, alle Eigentümlichkeiten und das ganze reiche Material des umfangreichen Notizbuches von Marx wiederzugeben. Die obigen Bemerkungen verfolgen nur den Zweck, den wesentlichen Inhalt des „Krisenbuches" und seine Struktur darzustellen, um die Aufmerksamkeit auf dieses Dokument zu lenken, das nach unserer Meinung als wichtige Quelle der marxistischen Krisenforschung betrachtet werden muß. Dieses Notizbuch von Marx verdient eine gründlichere Auswertung vom Gesichtspunkt des mathematisch-statistischen Studiums des Reproduktionsprozesses sowie der allgemeinen Arbeitsmethode von Marx.

Unter den Materialien in Amsterdam befinden sich auch die Aufzeichnungen über die Krise von 1868. Sie füllen die Seiten 1—86 eines Notizbuches[12], das auch andere Aufzeichnungen unter dem Namen „Handelsgeschichte, 1868"[13] enthält. Das Material in diesem Notizbuch ist dem des Heftes über die Krise 1857 ähnlich. Nach den Quellenangaben stammen die Auszüge zum größten Teil aus dem „Economist" und aus der „Money Market Review". Wir wollen uns auf nur zwei Bemerkungen beschränken: 1. Dieses Heft enthält ausschließlich handgeschriebene Notizen. MARX scheint damals keine Gelegenheit gehabt zu haben, Zeitungsausschnitte zu benutzen, und mußte mühsam die Tabellen und andere Daten abschreiben. 2. Das Heft stammt aus dem Jahre 1868/69, obwohl die zyklische Krise im Jahre 1866 stattfand. Hier muß aber beachtet werden, daß die Depression nach der Krise 1866 sehr lange anhielt. Mendelson schrieb hierüber folgendes:

> „Laut Aussage der Zeitgenossen war die Depressionsperiode nach der Krise 1986 in England ungewöhnlich lang anhaltend. Sogar Ende 1869 war die Klage über die Ungunst der Zeiten verbreitet. Erst 1870 wurde der Aufschwung in England allgemein."[14]

Eine riesige, wahrhafte Sisyphusarbeit von MARX war die Extrahierung eines wichtigen statistischen Werkes seiner Zeit, der „Vergleichenden Statistik für Europa" von OTTO HAUSNER, Hamburg 1861.[15] In dem Notizbuch von MARX, das sich mit diesem Werk befaßt, folgen statistische Tabellen auf statistische Tabellen, Datenreihen auf Datenreihen. Offenbar stand MARX das Buch HAUSNERS nicht persönlich zur Verfügung.

Für das Durchsehen des Materials in Amsterdam stand nur wenig Zeit zur Verfügung. Es konnte aber festgestellt werden, daß auch unter den frühen Aufzeichnungen MARX' statistisches Material vertreten war. In einem Manuskript, „Notizen aus dem ‚Economist' 1848"[16], befinden sich u. a. übersichtliche Tabellen über die Jahresproduktion von Baumwolle von 1843/44 bis 1848.

Unter diesen frühen Aufzeichnungen von MARX befinden sich auch ausführliche Daten über die Zusammensetzung des englischen Exports. In anderen Notizbüchern[17] befinden sich ebenfalls übersichtliche, im allgemeinen mehrere Jahre umfassende statistische Tabellen, in erster Linie über die wichtigsten Erscheinungen des englischen Wirtschaftslebens. Wir wissen, daß MARX auch die Entwicklung der Wirtschaft in Frankreich, Deutschland und Amerika aufmerksam verfolgte; darüber enthalten die Amsterdamer Materialien aber relativ wenig. In einem Brief vom 18. 12. 1857 an ENGELS erwähnt MARX ausdrücklich drei Notizbücher (von denen in Amsterdam nur das vorhin genannte Buch aufzufinden war), und zwar über England, Deutschland und Frankreich:

> „. . . Ich arbeite ganz kollossal, meist bis 4 Uhr morgens. Die Arbeit ist nämlich eine doppelte: 1. Ausarbeitung der Grundzüge der Ökonomie . . .

[12] Bezeichnung B 105.

[13] Handelsgeschichte 1868. Auszüge 1—86, 1869, Register dazu 87—89.

[14] A. MENDELSON, Teorija i isstorija ekonomi sneszkih Krisisov i ciklow. Szocekgiz, Moskau 1959, Band II, S. 7. MENDELSON bezieht sich beim Zitieren der Zeitgenossen auf LOEHNIS, Der Marasmus in Handel und Industrie. London 1877, S. 22.

[15] Diese Auszüge bilden den dritten Teil des Manuskriptes B 106.

[16] Bezeichnung B 41.

[17] z. B. in B 102.

2. Die *jetzige Krisis.* Darüber – außer den Artikeln an die „Tribune", führe ich bloß Buch, was aber bedeutend Zeit wegnimmt ... Ich habe drei große Bücher angelegt – England, Germany, France. Die Geschichte über Amerika liegt alles Material in der „Tribune".[18]

In einem wenig später, am 25. 12. 1857, ebenfalls an ENGELS gerichteten Brief weist MARX erneut auf seine Aufzeichnungen über die französische Wirtschaft hin:

„Da es jetzt unsre erste Aufgabe ist, klar über die französischen Zustände zu werden, habe ich wieder durchgesehn meine sämtlichen Exzerpte über French commerce, industry and crises ..."[19]

Von dem in Amsterdam aufbewahrten Material zu Frankreich,[20] ist im Zusammenhang mit unserem Thema die Tabelle über die Diskontrate der Französischen Bank von Interesse:

Diskontrate der Französischen Bank

| | in % | | in % |
|---|---|---|---|
| 20. 2. 1800 | 6 | 23. 3. 1852 | 3 |
| 13. 11. 1806 | 5 | 4. 10. 1854 | 4 |
| 4. 8. 1807 | 4 | 20. 1. 1854 | 5 |
| 1. 3. 1814 | 5 | 5. 10. 1855 | 5 |
| 1. 8. 1814 | 4 | 19. 10. | 6 |
| 1. 6. 1819 | 4 und 5 | 31. 3. 1856 | 5 |
| 1. 2. 1820 | 4 | 25. 9. | 6 |
| 14. 1. 1824 | 5 | 6. 10. | 6 |
| 24. 12. | 4 | 26. 12. | 6 |

## 2. *Hinweise von Marx zur mathematischen Analyse des Zyklus*

Bezüglich der zweiten, einleitend aufgeworfenen Frage hat das Durchsehen des Amsterdamer Materials die Forschung wenig voran gebracht. Soweit in der zur Verfügung stehenden kurzen Zeit festgestellt werden konnte, enthalten die Amsterdamer Hefte keinerlei Material über eine zusammenhängende mathematische Darlegung der Hauptgesetzmäßigkeiten der Krise, und es wurden dort auch keinerlei Teilaufzeichnungen oder Berechnungen aufgefunden. Es ist möglich, daß die diesbezüglichen Handschriften verlorengegangen oder vernichtet worden sind. Es ist auch nicht ausgeschlossen, daß diese Handschriften, oder wenigstens ein Teil davon, zwar vorhanden sind, aber noch nicht entdeckt wurden. Schließlich ist es möglich, daß MARX die Ausführung solcher Berechnungen nur geplant hatte, wegen Krankheit und anderer Ursachen aber nicht dazu gekommen ist. Letzteres scheint aber nicht sehr wahrscheinlich zu sein. Es handelt sich nicht nur darum, daß eine solche Vermutung im Gegensatz zu den Hinweisen des obenerwähnten, an ENGELS gerichteten Briefes steht, es

[18] MARX/ENGELS, Briefe über „Das Kapital", a. a. O., S. 77.
[19] KARL MARX/FRIEDRICH ENGELS, Briefwechsel. Berlin 1949, Bd. II, S. 323.
[20] Bezeichnung B 86.

sprechen noch zwei weitere Umstände dagegen: 1. Außer in dem Brief vom 31. 5. 1873 findet man besonders in einigen weniger bekannten Schriften mehrere Hinweise, die mit der mathematischen Untersuchung des Zyklus im Zusammenhang stehen. 2. Nach unserer Meinung verknüpfte MARX seine ökonomische Forschung besonders bei der Ausarbeitung des III. Bandes des „Kapitals" eng mit dem Gedanken der mathematischen Bestimmung der Gesetze der Krisen, worauf noch einzugehen sein wird.

Im folgenden möchten wir zuerst zeigen, daß wir an mehreren Stellen der Werke von MARX solche Äußerungen finden, die beweisen, daß der erwähnte, die mathematische Bestimmung der Gesetzmäßigkeiten der Krise behandelnde Brief nicht als ein isoliertes, zufälliges Dokument betrachtet werden kann.

In einem Artikel vom 23. 9. 1859, „Industrie und Handel", schreibt MARX folgendes:

„. . . wenden wir uns nun der Bewegung der Produktion zu. In den folgenden Statistiken sind die Exporte für jedes Jahr seit 1944 angegeben . . .

A. Exporte

Deklarierter wirklicher Wert der aus dem Vereinigten Königreich ausgeführten britischen und irischen Produkte

| Jahre | Pfd. St. | Jahre | Pfd. St. |
|---|---|---|---|
| 1844 | 58534705 | 1852 | 78076854 |
| 1845 | 60111082 | 1853 | 98933781 |
| 1846 | 57786876 | 1854 | 97184726 |
| 1848 | 52849445 | 1856 | 115826948 |
| 1849 | 63596025 | 1857 | 122066107 |
| 1850 | 71367885 | 1858 | 116614331 |
| 1851 | 74448722 | | |

Tabelle A illustriert überdies ein Gesetz der Produktion, das mit mathematischer Genauigkeit bewiesen werden kann, indem die Berichte über die britischen Exporte seit 1797 miteinander verglichen werden. Das Gesetz besagt:

„Wenn durch die Überproduktion und Überspekulation eine Krise herbeigeführt worden ist . . . (wird) die Produktionsstufe, die das Maximum der Prosperität in einer Periode des industriellen Zyklus bezeichnet, zum Ausgangspunkt der nächstfolgenden Periode . . ."[21]

MARX erörtert hier jenen Gedanken ausführlicher, dem wir auch im III. Band des „Kapitals" begegnen:

„Für die Akkumulation des wirklichen, d. h. produktiven und Warenkapitals gibt einen Maßstab die Statistik der Ausfuhr und Einfuhr. Und da zeigt sich stets, daß für die in zehnjährigen Zyklen sich bewegende Entwicklungsperiode der englischen Industrie (1815—1870) jedesmal das Maximum der letzten Prospekritätszeit *vor* der Krise als Minimum der nächstfolgenden Prosperitätszeit wieder erscheint, um dann zu einem weit höheren neuen Maximum zu steigen."[22]

[21] KARL MARX/FRIEDRICH ENGELS, Werke. Berlin 1961, Bd. 13, S. 496/97.
[22] KARL MARX, Das Kapital. Berlin 1949, Bd. III, S. 546.

In diesem Abschnitt spricht Marx im Grunde ebenfalls von der „Beweisbarkeit des Gesetzes der Produktion mit mathematischer Genauigkeit".

In seinem Artikel „Britischer Handel und Finanzen" hebt Marx im Zusammenhang mit der Analyse der Zyklen folgendes hervor:

„Versucht man die Gesetze aufzudecken, von denen die Krisen des Weltmarktes beherrscht werden, dann muß man nicht nur ihren periodischen Charakter, sondern auch die genauen Daten dieser periodischen Wiederkehr erklären."[23]

Marx wies bei der Überprüfung der zeitgenössischen Parlamentsmeldungen und anderen Analysen darauf hin, daß diese

„... jede neue Krise als eine isolierte Erscheinung behandeln, welche erstmalig am sozialen Horizont erscheint ... Wenn Naturforscher nach der gleichen schülerhaften Methode verführen, müßte selbst das Wiedererscheinen eines Kometen die Welt überraschen."[24]

Marx hebt also auch hier die naturwissenschaftliche Genauigkeit beim Studium der Krisen hervor. Ein Jahr früher, am 13. 11. 1857, war der mit der damaligen Krise sich beschäftigende Brief an Engels datiert, der vom Gesichtspunkt unseres Themas unbedingt hervorgehoben werden muß.

„So sehr ich selbst in financial distress, habe ich seit 1849 nicht so cosy gefühlt als bei diesen outbreak. Du kannst außerdem dem Lupus zu seiner Beruhigung sagen, daß ich in einem gründlichen article der Tribune, now that the whole statement is before us, und selbst von der bloßen Tabelle der discount-rates von 1848 bis 1854 bewiesen habe, daß die Krise normal zwei Jahre früher hätte eintreffen müssen. Auch die delays erklären sich nun so rationell, daß selbst Hegel ... den ‚Begriff' wiedergefunden haben würde in dem ‚empirischen Auseinander der Welt der endlichen Interessen'."[25]

Engels sprach in einem Antwortbrief von einer Tabelle, die er beifügte. Es handelte sich dabei um eine graphische Darstellung der Entwicklung der Baumwollpreise im Jahre 1857. Wenn also Marx in seinen Briefen unregelmäßige Kurven erwähnt, dachte er möglicherweise auch an tatsächliche Kurven, graphisch dargestellte Zeitreihen, wozu die graphische Darstellung von Engels als gutes Beispiel dienen konnte. Marx wünschte wahrscheinlich auf Grund solcher und ähnlicher Materialien die Haupterscheinungen der Zyklen als „unregelmäßige Kurven zu errechnen" und „daraus die Hauptgesetze der Krise mathematisch zu bestimmen".

Zum Schluß möchte ich noch darauf eingehen, daß der Gedanke des mathematischen Ausdrucks des Zyklus bei der Ausarbeitung des III. Bandes des „Kapitals" eine wesentliche Rolle spielte.

### *3. Die Behandlung des Zinsfußes im III. Band des „Kapitals"*

Von unserem Thema aus gesehen ist es besonders wichtig, daß Marx die Analyse des Zinsfußes eindeutig mit der Analyse des Zyklus verknüpfte, bzw.

[23] Karl Marx/Friedrich Engels, Werke, a. a. O., Bd. 12, S. 571.
[24] Ebenda.
[25] Karl Marx/Friedrich Engels, Briefwechsel, a. a. O., Bd. II, S. 297.

daß er die Notwendigkeit einer solchen Analyse im III. Band des „Kapitals" begründete.

„Der Kreislauf, den die Zinsrate während des industriellen Zyklus durchläuft, unterstellt zu seiner Darstellung die Darstellung dieses Zyklus selbst, die ebenfalls hier nicht gegeben werden kann. Dasselbe gilt für die größere oder geringere, annähernde Ausgleichung des Zinsfußes auf dem Weltmarkt."[26]

Im 22. Kapitel („Teilung des Profits. Zinsfuß. ‚Natürliche' Rate des Zinsfußes") weist MARX darauf hin, daß er bei der Analyse des Zinsfußes von den „kürzern Schwankungen des Geldmarkts" und von der Analyse der zyklischen Bewegung des Zinsfußes absehen wird.

Wie bekannt stellte MARX in seinem Brief an ENGELS im Jahre 1868, wo er das geplante Schema des III. Bandes mitteilte, in Aussicht, eine zusammenhängende Analyse des Weltmarktes, des Zinsfußes und des Zyklus am Schluß des Gesamtwerkes vorzunehmen. Wir nehmen an und es ist vorauszusetzen, daß MARX die Entwicklung des Zyklus hier vollständig darstellen wollte. Unter „Vollständigkeit" ist sowohl die umfassende Analyse der zu untersuchenden Vielfalt der Qualitätskategorien, Profit, Lohn, Preis, Zinsfuß usw., wie auch die geographische „Vollständigkeit", wenigstens die vollständige Einbeziehung des kapitalistischen Weltmarktes, zu verstehen. Es kann angenommen werden, daß die Resultate der mathematischen Berechnungen im Erfolgsfalle ebenfalls in diesem Teil ihren Platz gefunden hätten.

Übrigens enthält das 22. Kapitel des III. Bandes, obwohl MARX hier von den zyklischen Veränderungen des Zinsfußes absehen wollte, doch gewisse Gedanken über die Bewegung des Zinsfußes in den verschiedenen Phasen des Reproduktionsprozesses. So schreibt MARX:

„Wenn man die Umschlagszyklen betrachtet, worin sich die moderne Industrie bewegt – Zustand der Ruhe, wachsende Belebung, Prosperität, Überproduktion, Krach, Stagnation, Zustand der Ruhe etc., Zyklen, deren weitere Analyse außerhalb unserer Betrachtung fällt–, so wird man finden, daß meist niedriger Stand des Zinses den Perioden der Prosperität oder des Extraprofits entspricht, Steigen des Zinses der Scheide zwischen der Prosperität und ihrem Umschlag, Maximum des Zinses bis zur äußersten Wucherhöhe aber der Krisis. Vom Sommer 1843 an trat entschiedne Prosperität ein; der Zinsfuß, im Frühling 1842 noch 4½%, fiel im Frühling und Sommer 1843 auf 2%; im September selbst auf 1½% ...; dann während der Krise 1847 stieg er auf 8% und mehr.

Allerdings kann andrerseits niedriger Zins mit Stockung, und mäßig steigender Zins mit wachsender Belebung zusammengehn.

Der Zinfuß erreicht seine äußerste Höhe während der Krisen, wo geborgt werden muß, um zu zahlen, was es auch koste."[27]

Es ist kaum als Zufall anzusehen, daß MARX bei der Analyse der Industriezyklen der Analyse der Zinsfüße nicht geringe Bedeutung zuschrieb; es kann auch kein Zufall sein, daß wir bei den mathematischen Überlegungen MARX' den Gedanken der Zinsfuß-Kurven begegnen. Anders gefaßt: Die Bestrebungen

[26] KARL MARX, Das Kapital, a. a. O., Bd. III, S. 391.
[27] Ebend, S. 394.

von Marx, die Gesetzmäßigkeiten der Entwicklung des Zyklus einerseits und des Niveaus des Zinsfußes andererseits mathematisch darzulegen, stehen offenbar miteinander in Zusammenhang, und nur seine Krankheit machte es Marx unmöglich, diese Untersuchungen durchzuführen.

Für die zusammenhängende Analyse des Zyklus und des Zinsfußes ist ein Artikel in der „New-York Daily Tribune" vom 30. 11. 1857 von großem Interesse. In diesem gibt Marx folgende Analyse der zyklischen Veränderungen des Zinsfußes:

„In der vergeblichen Hoffnung, die Gewalt der Strömung aufzuhalten, die alles mit sich riß, hatte die Bank im Verlauf der gegenwärtigen Krise fünfmal ihre Diskontrate erhöht. Am 8. des letzten Monats wurde der Satz auf 6 Prozent erhöht, am 12. auf 7 Prozent, am 22. auf 8 Prozent, am 5. d. M. auf 9 Prozent und am 9. auf 10 Prozent. Die Schnelligkeit dieser Bewegung zeigt einen bemerkenswerten Gegensatz gegenüber derjenigen, die die Krise von 1847 begleitete. Damals war der Mindestsatz der Diskontrate im April auf 5 Prozent erhöht worden, im Juli auf 5½ Prozent und am 23. Oktober auf seinen höchsten Punkt, nämlich 8 Prozent. Von da an sank er am 20. November auf 7 Prozent, am 4. Dezember auf 6 Prozent und am 25. Dezember auf 5 Prozent. Die fünf darauffolgenden Jahre bilden eine Zeit, in der die Rate beständig fiel, in der Tat so regelmäßig, als wäre sie von einer gleitenden Skala gelenkt worden. Hierdurch hatte sie am 26. Juni 1852 ihren tiefsten Punkt erreicht — nämlich 2 Prozent. Die nächsten fünf Jahre, von 1852 bis 1857, weisen eine entgegengesetzte Bewegung auf. Am 8. Januar 1853 stand die Rate auf 2½ Prozent, am 1. Oktober 1853 betrug sie 5 Prozent, worauf sie nach vielen aufeinanderfolgenden Veränderungen endlich ihre jetzige Höhe erreicht hat. Bisher haben die Schwankungen des Zinsfußes während der zehnjährigen Periode, die jetzt beendet ist, nur die Erscheinungen gezeigt, die für die wiederkehrenden Phasen des modernen Handels üblich sind. Kurz zusammengefaßt sind diese Phasen: äußerste Einschränkung des Kredits im Jahr der Panik; dieser Einschränkung folgt eine allmähliche Ausweitung, die ihren Höhepunkt erreicht, wenn der Zinsfuß auf seinen tiefsten Punkt fällt; dann folgt wieder eine Bewegung in entgegengesetzter Richtung, eine allmähliche Kürzung, die ihren höchsten Punkt erreicht, wenn der Zinsfuß auf sein Maximum gestiegen ist, und schon hat erneut das Jahr der Panik eingesetzt. Doch bei einer näheren Untersuchung wird man im zweiten Teil der gegenwärtigen Periode einige Erscheinungen entdecken, die sie allgemein von allen vorhergegangenen unterscheiden. Während der Prosperitätsjahre von 1844 bis 1847 schwankte der Zinsfuß in London zwischen 3 und 4 Prozent, so daß die ganze Periode durch einen verhältnismäßig wohlfeilen Kredit gekennzeichnet war. Als am 10. April 1847 der Zinsfuß 5 Prozent erreichte, hatte die Krise bereits eingesetzt, und ihr allgemeiner Ausbruch wurde nur um wenige Monate durch eine Reihe von Kunstgriffen hinausgeschoben. Andererseits ging der Zinsfuß, der am 6. Mai 1854 bereits auf 5½ Prozent angestiegen war, nacheinander wieder auf 5 Prozent, 4½ Prozent, 4 Prozent und 3½ Prozent herunter, auf diesem letzten Stand blieb er dann vom 16. Juni 1855 bis zum 8. September 1855. Dann machte er wieder dieselben Veränderungen in entgegengesetzter Richtung durch, indem er auf 4 Prozent, 4¾ Prozent anstieg, bis er im Oktober 1855 den gleichen Stand erreicht hatte, von dem er im Mai 1854 ausgegangen war, nämlich 5½ Prozent. Zwei Wochen danach, am 20. Oktober 1855, stieg er für kurzfristige Wechsel auf 6 Prozent und für langfristige auf 7 Prozent. Doch wieder setzte eine Gegenbewegung ein. Im Verlauf des Jahres 1856 ging der Zinsfuß auf und nieder, bis er im Oktober 1856 erneut 6 und 7 Prozent erreicht hatte, die Werte, von denen er im Oktober des vergangenen Jahres ausgegangen war. Am 15. November 1856 stieg er auf 7 Prozent,

aber mit unregelmäßigen und oft unterbrochenen Abstiegsschwankungen, die ihn in drei Monaten bis auf 5½ Prozent herunterbrachten. Erst am 12. Oktober dieses Jahres, als die amerikanische Krise begonnen hatte, auf England einzuwirken, erlangte er wieder die ursprüngliche Höhe von 7 Prozent. Von diesem Augenblick an war seine Aufwärtsbewegung schnell und anhaltend, und führte schließlich zu einer beinahe völligen Einstellung des Diskontogeschäfts.
Mit anderen Worten, in der zweiten Hälfte der Periode von 1848 bis 1857 wurde die Unbeständigkeit des Zinsfußes in viel häufiger wiederkehrenden Abständen intensiviert, und vom Oktober 1855 bis zum Oktober 1857 vergingen zwei Jahre, wo das Geld teuer war und die Schwankungen des Zinsfußes zwischen 5½ und 7 Prozent lagen. Gleichzeitig gingen trotz dieses hohen Zinsfußes Produktion und Austausch unvermindert mit einer Geschwindigkeit voran, die man vorher nicht für möglich gehalten. Einerseits kann man diese außergewöhnlichen Erscheinungen auf die zur rechten Zeit eintreffenden Goldlieferungen aus Australien und den Vereinigten Staaten zurückführen, die es der Bank von England gestatten, ihren Griff von Zeit zu Zeit zu lockern, während es andererseits offensichtlich ist, daß die Krise schon im Oktober 1855 fällig war, daß sie durch eine Reihe von vorübergehenden Verzerrungen aufgeschoben wurde, und daß darum ihr endgültiger Ausbruch jede zuvor erlebte Krise hinsichtlich der Stärke der Symptome wie auch des Umfangs der Verbreitung übertreffen wird. Die merkwürdige Tatsache, daß der Zinsfuß vom 20. Oktober 1855 in Höhe von 7 Prozent am 4. Oktober 1856 und am 12. Oktober 1857 wiederkehrte, würde diese Behauptung schon weitgehend beweisen, wenn wir nicht außerdem wüßten, daß schon 1854 ein warnender Schock England geschüttelt hatte und daß auf dem Festland alle Symptome der Panik sich schon im Oktober 1855 und 1856 wiederholt hatten. Wenn wir diese erschwerenden Umstände außer acht lassen, dann besitzt jedoch die Periode von 1858 bis 1857, insgesamt gesehen, eine auffallende Ähnlichkeit mit der von 1826 bis 1846 und der von 1837 bis 1847."[28]

### *4. Die mathematische Untersuchung der Mehrwertrate und der Profitrate*

Vom Standpunkt der mathematischen Untersuchung des Zyklus scheint die MARXsche Analyse über die Mehrwert- und Profitrate eine gewisse Bedeutung zu haben; wir besitzen sogar zu dieser Frage viel mehr Daten als zur Frage des Zinsfußes. Seine diesbezüglichen Untersuchungen wären nicht verständlich, wenn wir nur den III. Band des „Kapitals" betrachteten. Wir müssen uns hier vor allem auf die Hinweise von ENGELS stützen, der bezüglich der Durchsicht, Bearbeitung und Redaktion der MARXschen Manuskripte eine riesige Arbeit geleistet hat. Weiterhin muß die Rolle von SAMUEL MOORE erwähnt werden. ENGELS schreibt im Vorwort zum III. Band des „Kapitals" 1894:

„Für den ersten Abschnitt war das Hauptmanuskript nur mit großen Einschränkungen brauchbar. Gleich anfangs wird die ganze mathematische Berechnung des Verhältnisses zwischen Mehrwertsrate und Profitrate (was unser Kapitel 3 ausmacht) hineingezogen, während der in unserem Kap. 1 entwickelte Gegenstand erst später und gelegentlich behandelt wird . . . Kap. 2 ist aus dem Hauptmanuskript. Für Kap. 3 fanden sich eine ganze Reihe unvollständiger mathematischer Bearbeitungen, aber auch ein ganzes, fast vollständiges Heft aus den siebziger Jahren, das Verhältnis der Mehrwertsrate zur Provitrate in Gleichungen darstellend. Mein Freund Samuel Moore, der auch den größten Teil der englischen

[28] KARL MARX/FRIEDRICH ENGELS, Werke, a. a. O., Bd. 12, S. 320–322.

Übersetzung des ersten Buchs geliefert, übernahm es, dies Heft für mich zu bearbeiten, wozu er als alter Cambridger Mathematiker weit besser befähigt war. Aus seinem Resümee habe ich dann, unter gelegentlicher Benutzung des Hauptmanuskripts, das Kapitel 3 fertiggestellt."[29]

Es würde über den Rahmen dieses Artikels hinausgehen, die Zusammenhänge der mathematischen Bearbeitung der Probleme dieser Kapitel und der Bewegung der Zyklen im einzelnen aufzuzeigen. Dies müßte der Gegenstand einer besonderen Abhandlung sein. Soviel kann aber hervorgehoben werden, daß MARX auch in diesem Falle mathematische Methoden anwandte. Im Zusammenhang damit muß die am Ende des 3. Kapitels von ENGELS verfaßte und bisher wenig beachtete Fußnote erwähnt werden, wo er über die diesbezüglichen Untersuchungen von MARX ergänzende Hinweise gibt:

„In dem Manuskript finden sich noch sehr ausführliche Berechnungen über die Differenz zwischen Mehrwertsrate und Profitrate (m'—p'), die allerhand interessante Eigentümlichkeiten besitzt und deren Bewegung die Fälle anzeigt, wo die beiden Raten sich voneinander entfernen oder sich einander nähern. Diese Bewegungen lassen sich auch in Kurven darstellen. Ich verzichte auf Wiedergabe dieses Materials, da es für die nächsten Zwecke dieses Buchs weniger wichtig ist und es hier genügt, diejenigen Leser, die diesen Punkt weiter verfolgen wollen, einfach darauf aufmerksam zu machen. — F. E."[30]

MARX arbeitete zweifellos außerordentlich viel an der mathematischen Bearbeitung des Verhältnisses zwischen der Profitrate und Mehrwertsrate, und diese Arbeit nahm weit mehr Zeit in Anspruch — wie auch aus dem obigen Zitat ENGELS' hervorgeht —, als man aus dem Umfang des entsprechenden Kapitels in dem III. Band annehmen könnte. Die diesbezüglichen Arbeiten von MARX sind bei weitem noch nicht ausgewertet worden.

In Amsterdam wird nur ein Teil der von ENGELS erwähnten Manuskripte aufbewahrt.[31] Hier befindet sich u. a. das Manuskript des im Vorwort zum III. Band erwähnten Resümees, das SAMUEL MOORE für ENGELS angefertigt hat.[32] Dieses Manuskript — eigentlich ein langer an ENGELS gerichteter Brief — ist besonders von zwei Gesichtspunkten aufschlußreich: Es informiert einmal über den Einfluß von SAMUEL MOORE bei der Anfertigung des betreffenden Kapitels des „Kapitals", und zweitens bildet es eine Ergänzung zu den Kenntnissen, die wir über die Zusammenarbeit von MARX und MOORE besitzen.

In dem Brief aus Manchester vom 23. 3. 1888 schreibt SAMUEL MOORE unter anderem folgendes:

„Mein lieber General, hier schicke ich Ihnen das Manuskript von Marx zurück, das die Frage der Mehrwertrate und Profitrate mathematisch behandelt, mit meinen Notizen und einem Versuch von analysierender Zusammenfassung, wovon der letztere alles ist, bloß nicht befriedigend. Er, obwohl er zweifellos über ein allgemeines Schema verfügte, woran er sich in den Hauptlinien hielt, erscheinen

[29] KARL MARX, Das Kapital, a. a. O., Bd. III, S. 5/6.
[30] Ebenda, S. 89.
[31] Bezeichnung A 55, A 56 und A 57.
[31] Manuskript A 69 (MS. S. Moore: Mehrwertrate und Profitrate. Summary of Marx, MS).

in den Details bedeutende Abweichungen, — und dann ist noch ein Teil da, — den er offensichtlich mit der Absicht geschrieben hatte, um irgendein Resultat zu illustrieren, das von Bedeutung sein kann."[33]

Weiter schreibt MOORE zu den Vorstellungen von ENGELS hinsichtlich der Bearbeitung des Manuskriptes:

„Ich nehme an, daß Sie das geben wollen, was in *Marx' eigenen Worten* geblieben ist und nicht eine komprimierte Zusammenfassung seiner Resultate in Ihrer Abfassung."

Im Interesse dieses Ziels geht MOORE in seiner Zusammenfassung eingehend darauf ein, auf welche Teile man verzichten könne.

Wir glauben, daß es gelungen ist zu demonstrieren, daß MARX jahrzehntelang mit dem Gedanken beschäftigt war, die Gesetze des zyklischen Reproduktionsprozesses auf Grund der konkreten statistischen Daten mathematisch zu demonstrieren. Weitere Untersuchungen werden außer den von MARX gesammelten statistischen Materialien eventuell auch seine konkreten Berechnungen aufspüren. Dabei ist es möglich, daß diese sich als sehr fragmentarisch und unvollständig erweisen.

MARX mußte naturgemäß bei dem Versuch zur Lösung dieser außerordentlich komplizierten Aufgabe auf folgende Schwierigkeiten stoßen:

1. Die statistischen Möglichkeiten der damaligen Zeit waren stark beschränkt. In jenen Jahrzehnten des vorigen Jahrhunderts standen sehr viele statistische Koeffizienten, wie der Index der Industrie- und Landwirtschaftsproduktion, das System der Indexzahlen des Volkseinkommens usw., die wir heute zu den wichtigsten Datenreihen rechnen, entweder überhaupt nicht oder nur für einige Länder und Jahre zur Verfügung.

2. Die Entwicklung der mathematischen Methoden im Zeitalter MARX' ermöglichte es noch nicht, einen solchen komplizierten Prozeß, wie die zyklische Entwicklung der Reproduktion mathematisch vollkommen zu demonstrieren. Obwohl MARX ständig nach Methoden suchte, fand er sie nicht und konnte sie auch nicht finden, da sie zu dieser Zeit noch nicht vorhanden waren (z. B. der Matrizenkalkül).

3. Wäre das damalige statistische Material einwandfrei gewesen, und wären die entsprechenden mathematischen Methoden auch vorhanden gewesen, dann hätten die Berechnungen selbst beim gegebenen Stand der Rechentechnik fast unüberwindliche Schwierigkeiten bereitet. Die Berechnungen der Hauptgesetzmäßigkeiten der Krisen ist, wenn überhaupt wegen ihrer außerordentlichen Kompliziertheit, erst mit Hilfe der elektronischen Rechenmaschinen möglich geworden.

Die MARXschen Gedanken bezüglich der Methoden der Untersuchung des zyklischen Reproduktionsprozesses sind für die künftige Forschung auf diesem

[33] Aus dem Brief geht hervor, daß MOORE das „Resultat" nicht kannte, das zu erklären MARX „im großen Teil" des Manuskriptes bestrebt war.

Gebiet richtungweisend. Es bedarf noch einer weiteren großen Arbeit, um den Nachlaß in diesem Zusammenhang gründlich zu bearbeiten. Das Suchen nach Berechnungen MARX' über die Erscheinungen der Hauptgesetzmäßigkeiten der Krise kann noch lange nicht als abgeschlossen gelten.

Das wichtigste aber ist, im Sinne der MARXschen Überlegungen eine tiefgehende und selbständige Analyse der kapitalistischen Reproduktionszyklen unseres Zeitalters anzufertigen und die heutigen unvergleichbar günstigeren statistischen, mathematischen und rechenmethodischen Möglichkeiten im Interesse der Untersuchung der im heutigen Kapitalismus wirkenden Hauptgesetzmäßigkeiten der Krisen und Zyklen voll auszunutzen.

# Nochmals zur Theorie der Agrarkrisen

## Eine Antwort auf Fred Oelssner

Peter Hess

In Heft 3/1962 des Bulletins „Konjunktur und Krise" veröffentlichte Prof. Fred Oelssner einen Beitrag zum Problem der Agrarkrisen, der sich in vielen Punkten gegen den Versuch zum gleichen Thema richtet, den ich vor gut zwei Jahren ebenfalls in „Konjunktur und Krise" anstellte.

Fred Oelssner spricht in seinem Artikel von einer „neuen Theorie der Agrarkrise", die ich unterbreiten wolle, und auch der Titel enthält diese Formulierung. Das läßt die Vermutung zu, die Fred Oelssner auch ausspricht, daß es eine bisher anerkannte, auf den Lehren der Klassiker des Marxismus-Leninismus fußende Theorie der Agrarkrise gab, die ich nun durch eine neue zu ersetzen versuche. Aber so unbescheiden bin ich nicht. Die Dinge liegen vielmehr so — wie ich bereits seinerzeit formulierte —, daß die Klassiker nur eine Vielzahl einzelner Bemerkungen zu diesem Thema hinterließen und daß sich die marxistischen Ökonomen seither bemühen, auf der Grundlage der marxistisch-leninistischen politischen Ökonomie und speziell der Krisentheorie das Problem der Agrarkrisen allgemein zu fassen. Selbst die neuere Diskussion nach dem zweiten Weltkrieg, die zunächst fast ausschließlich in der Sowjetunion geführt wurde, von der Diskussion der dreißiger Jahre ganz zu schweigen, zeugt davon, daß es beileibe keine einheitliche Meinung in einigen Grundfragen gibt. Ich habe mich lediglich bemüht, einige Gedanken zur Diskussion beizutragen; die Theorie der Agrarkrisen ist aber noch zu schaffen. Sie kann geschaffen werden, wenn die marxistischen Ökonomen sich gemeinsam bemühen, den Reichtum der theoretischen Gedanken der Klassiker auszuschöpfen und die neuartigen Prozesse der Gegenwart in undogmatischer Weise voll in Rechnung zu stellen.

### *Gibt es eine zyklische Überproduktionskrise in der Landwirtschaft?*

Ausgangspunkt der gegen mich gerichteten Polemik Fred Oelssners ist meine Ablehnung der These von den zwei Formen der Überproduktionskrise in der Landwirtschaft — der zyklischen Überproduktionskrise und der langfristigen Agrarkrise, so wie sie in dieser Eindeutigkeit nur von dem kürzlich verstorbenen hervorragenden sowjetischen Krisentheoretiker Mendelson und von Fred Oelssner vertreten werden. Ljuboschiz spricht davon, daß die zyklische Überproduktionskrise auch die Landwirtschaft erfasse,[1] wobei er das offensicht-

[1] L. I. Ljuboschiz, Fragen der marxistisch-leninistischen Theorie der Agrarkrisen (russ.). Staatlicher Verlag für Politische Literatur, 1949, S. 34.

lich so verstanden haben will, daß sich die Lage der Landwirtschaft während der zyklischen Industriekrise verschlechtere.[2] VARGA sagt ausdrücklich, daß die Verschlechterung der Lage der Landwirtschaft während der zyklischen Industriekrise keine (Agrar-)Krise sei, eine Stelle, die sowohl von FRED OELSSNER wie von mir zitiert wurde, wobei ersterer merkwürdigerweise dieses Zitat heranzieht, um VARGA die Ansicht von zwei Formen der Krise in der Landwirtschaft zuzuschreiben. Ganz übergangen hat FRED OELSSNER leider die Ansicht des bekannten sowjetischen Theoretikers auf dem Gebiet der Agrarfrage in den kapitalistischen Ländern, A. M. PETRUSCHOW[3], der in seinem Beitrag nicht die Auffassung von zwei Formen der Krise in der Landwirtschaft vertritt und sich dagegen wendet, die Krise in der Landwirtschaft während der zyklischen (Industrie-)Krise als eine solche „sekundärer" Art zu betrachten.

Der Satz bei FRED OELSSNER, demzufolge bis vor wenigen Jahren unter marxistischen Krisenforschern einheitlich die Meinung vorherrschte, daß es zwei Formen von Überproduktionskrisen in der Landwirtschaft gebe, ist folglich unzutreffend.

Es ist ein Unterschied, und ich hoffe noch beweisen zu können, daß dieser Unterschied wesentlich ist, ob die Landwirtschaft auch von der zyklischen Industriekrise erfaßt, beeinflußt wird, oder ob es neben der langfristigen Agrarkrise noch eine zyklische Krise in der Landwirtschaft gibt, wie OELSSNER meint. Ersteres ist eine unbestreitbare Tatsache, die auch ich als solche behandle;[4] letzteres dagegen ist weder empirisch nachweisbar noch theoretisch zu begründen.

Da die Landwirtschaft mit der Industrie durch tausend Fäden verbunden ist, müßte man blind sein, um zu leugnen, daß sie von den zyklischen Krisen in der Industrie berührt wird. Darüber gibt es keine Meinungsverschiedenheiten und kann es keine geben. Es ist unverständlich, wie OELSSNER mir die Meinung zuschreiben konnte, daß „die periodischen Überproduktionskrisen in der Landwirtschaft nicht in Erscheinung treten" (149) [5]. Das ist nirgends gesagt und das kann man nirgends herauslesen. Der Einfluß der zyklischen Krisen auf die Landwirtschaft kann aber sehr unterschiedlicher Natur sein. Tiefe Krisen bewirken zweifellos einen erheblichen Rückgang im Nahrungsmittelkonsum der Werktätigen, wodurch die Landwirtschaft Absatzschwierigkeiten erleidet, die Preise katastrophal zurückgehen, die Zahl der Bankrotte in der Landwirtschaft stark ansteigt usw. usf. Es ist aber auch bekannt, daß die Werktätigen ihren Nahrungsmittelkonsum — der sich im allgemeinen auf das Notwendigste beschränkt, sich auf alle Fälle *vorwiegend* aus den Grundnahrungsmitteln zusammensetzt — bei rückläufigen Einkommen, wie sie durch eine Krise verursacht werden, zu allerletzt einschränken. Es ist klar, daß der Verbrauch von lang-

[2] Vgl. ebenda, S. 35.

[3] A. M. PETRUSCHOW, Die Agrarkrise in den kapitalistischen Ländern. In: „Weltwirtschaft und Internationale Beziehungen", Heft 8, 1960. Deutsche Übersetzung in „Konjunktur und Krise", Heft 4, 1960.

[4] „Konjunktur und Krise", Heft 2/3, 1960, S. 131, 132.

[5] Hier und im weiteren beziehen sich die Seitenangaben in Klammern auf den Artikel FRED OELSSNERS, Erwiderung auf eine neue Theorie der Agrarkrisen. In: „Konjunktur und Krise", Heft 3, 1962.

lebigen und dann auch von „kurzlebigen" industriellen Konsumgütern zuerst eingeschränkt wird (von dem bescheidenen Luxus, den sich die Werktätigen in „guten" Zeiten leisten, ganz abgesehen). Bei einer nicht sehr tiefen und nicht sehr dauerhaften Krise muß kein nennenswerter Rückgang im Nahrungsmittelkonsum eintreten. Dagegen können sich die Bezugsbedingungen für Produktionsmittel sogar infolge der gleichen Industriekrise für die Landwirtschaft verbessern. Selbstverständlich können nur die kapitalistischen Farmer von dieser ökonomischen Kräftekonstellation vorteilhaft Gebrauch machen, aber sie sind es auch, die über die Hauptmassen des Kapitals, das sich in den Händen der ländlichen Produzenten befindet, verfügen. Daher führt die Industriekrise auch unter solchen Bedingungen zu einer beschleunigten Verdrängung der Klein- und Mittelbauern. Das Einkommen „der Landwirtschaft" geht in solchen Perioden möglicherweise zurück, und dennoch können die Investitionen zunehmen, d. h. die kapitalistische Entwicklung, der kapitalistische Reproduktionsprozeß geht im forcierten Tempo weiter, auf Kosten des Ruins zahlloser Klein- und Mittelbauern.

Das Gesagte ist nicht das Produkt eines Phantasiemodells, davon zeugen beispielsweise folgende Angaben:

Prozentuale Veränderungen in der USA-Landwirtschaft 1953/54

| | |
|---|---|
| Erzeugerpreise | −12,9 |
| Bruttofarmeinkommen (ohne staatliche Zuwendungen) | − 8,5 |
| Produktionsausgaben in der Landwirtschaft | + 1,3 |
| Wert des Realvermögens | − 2,6 |
| Finanzguthaben der Farmer | + 1,2 |
| Bankdepositen der Farmer | + 1,2 |
| Hypothekenverschuldung | + 7,0 |
| Nettoproduktion | ± 0 |
| Ausgaben für Futtermittel (in konstanten $) | + 4,5 |
| Düngemittel in t | + 7,4 |

Quelle: Zusammengestellt aus „Policy for Commercial Agriculture", United States Government Printing Office, Washington 1957.

Es zeigt sich für die Krise 1953/54: Die Erzeugerpreise gingen zurück (wie übrigens auch in der darauffolgenden Konjunkturperiode), das Farmereinkommen sank, aber die Produktionsausgaben stiegen, die Produktion stagnierte (was ausschließlich auf ungünstige Erträge zurückzuführen war — die tierische Produktion stieg um einige Prozent), Guthaben und Depositen „der Farmer" stiegen, der Düngemittelverbrauch nahm zu usw. All diese globalen Zahlen sagen herzlich wenig aus, darüber bin ich mir im klaren. Sie zeugen aber wirklich nicht von einer „zyklischen Krise in sekundärer Form". Ähnlich war die Lage während der zweiten zyklischen Krise der 50er Jahre in den USA. Es wird mit einiger Begründung angenommen, daß das sogenannte „antikonjunkturelle" Verhalten der Landwirtschaft in diesen beiden Krisen ein Grund für deren verhältnismäßige Schwäche war.

Verfügbare Angaben zeigen gerade sehr unterschiedliche Auswirkungen der zyklischen Krise bzw. Perioden rückläufiger Geschäftstätigkeit auf die Landwirtschaft, obwohl Auswirkungen in allen Fällen festzustellen sind. In tiefen Krisen, wie 1920/21 oder 1929/32, ist der Verlauf so, wie er OELSSNER offensichtlich allgemein vorschwebt, in anderen Perioden zeigen sich aber andere Auswirkungen. Daß die Produktionsentwicklung in der Landwirtschaft der Industrieproduktion nicht folgt, ist eine so bekannte Tatsache, daß ich mir den Nachweis hier ersparen kann. In den USA stieg die landwirtschaftliche Produktion sogar während der Großen Krise. Was die Preisentwicklung für landwirtschaftliche Produkte betrifft, so macht sie tatsächlich im allgemeinen die Schwankungen des Industriezyklus mit, auch wenn sie ihr keineswegs voll entspricht. Es gab beispielsweise in den USA durchaus Aufschwungsperioden, in denen sich die landwirtschaftlichen Erzeugerpreise rückläufig bewegten (das ist sogar typisch für die Zeit der verschärften Agrarkrise nach dem zweiten Weltkrieg, trotz aller staatlicher Preisstützungsmaßnahmen), wie auch Kontraktionsperioden, in denen die Erzeugerpreise anstiegen (1910/11; 1923/24; 1944/46).

Aber die Bewegung der Preise ist kein ausreichendes Kriterium. Im Preis spiegeln sich die verschiedensten Prozesse oberflächlich wider. Insbesondere unter den Bedingungen des modernen Kapitalismus wird die Bewegung der landwirtschaftlichen Preise durch eine Vielzahl spekulativer Momente und direkter Manipulationen des Monopolkapitals und des Staates beeinflußt.

Das Hauptkriterium der Krise ist die relative Überproduktion, und man kann nicht bestreiten, daß diese Überproduktion in der Landwirtschaft bislang *nicht* zyklisch auftrat, sondern über längere Perioden anhielt. Das vergangene Jahrzehnt sah — global betrachtet — eine für kapitalistische Verhältnisse ungewöhnliche Aufschwungphase der Industrie, wobei die stärksten Krisen — in den USA — noch vergleichsweise schwach und kurzlebig waren. Und doch tobte die kapitalistische Weltagrarkrise während dieser ganzen Periode mit ungewöhnlicher Schärfe, wenn man das Kriterium der Überfüllung der Weltagrarmärkte zugrunde legt. Alles das zeugt nicht von zyklischen Krisen in der Landwirtschaft, noch dazu von solchen sekundärer Natur.

Abgesehen hiervon, ist das Verhältnis von zyklischer Industriekrise und Krise in der Landwirtschaft, auch wenn man es anders faßt als MENDELSON und OELSSNER, durchaus nicht einseitig. Sowohl landwirtschaftliche Unterproduktion, die auch heute noch auftreten kann, wenn nicht im Maßstab der kapitalistischen Weltwirtschaft, so doch durch Mißernten in einzelnen kapitalistischen Ländern (von der chronischen Unterproduktion der Hauptnahrungsmittel in den schwachentwickelten Ländern ganz abgesehen), als auch Überproduktionskrisen in der Landwirtschaft wirken sich mit Notwendigkeit auf die Industrie aus, ohne mit gleicher Notwendigkeit eine allgemeine Überproduktionskrise auslösen zu müssen.[6] Das gleiche gilt aber auch für jeden anderen kapitalistischen Produktionszweig, worauf ich schon in meinem zur Diskussion stehenden Artikel hinwies. Weizen und Kaffee sind nun einmal ebensolche „leitenden Handelsartikel" wie Stahl und Automobile, und in *diesem* Zusammenhang ist es nicht richtig, Industrie und Landwirtschaft einander gegenüberzustellen. Man faßt die Dinge nur richtig, wenn man — wie MARX — die Landwirtschaft als eine besondere Sphäre der Anlage für das produktive Kapital begreift,

[6] Überproduktion in der Landwirtschaft kann sogar die Verwertungsbedingungen in diesem oder jenem Industriezweig verbessern.

wobei es dem Kapital gleichgültig ist, mittels welchen Gebrauchswertes es sich verwertet.

Die Auffassung von zwei Formen der Krise in der Landwirtschaft wirft unwillkürlich die Frage nach dem Charakter dieser beiden Formen auf. Nach MENDELSON und OELSSNER werden zyklische Krisen in der Landwirtschaft durch die zyklischen Industriekrisen hervorgerufen. Diese Auffassung basiert aber ungewollt auf der Unterkonsumtionstheorie. Die marxistische Krisentheorie besagt, daß Krisen durch die Entfaltung des Grundwiderspruchs der kapitalistischen Produktionsweise hervorgerufen werden, der sich im Widerspruch zwischen Produktion und Verwertung, zwischen Produktion und Markt, in der Anarchie der Produktion, in der Disproportionalität der Zweige äußert und eine *relative Überproduktion* erzeugt. Die „zyklische Überproduktionskrise in der Landwirtschaft" soll aber in sekundärer Form infolge des Rückgangs der Industrieproduktion hervorgerufen werden. Wenn FRED OELSSNER sich hier auf die bekannten Äußerungen von MARX über sekundäre Krisen beruft, so ist das völlig fehl am Platz. MARX polemisiert gegen diejenigen (SAY, RICARDO), die behaupten, Überproduktion sei nur möglich, wenn disproportional produziert wird, bei proportionaler Produktion sei Überproduktion aber unmöglich und folglich auch eine *allgemeine* Überproduktion überhaupt. MARX weist nach, daß es in der Tat im Kapitalismus nicht möglich ist, daß die Überproduktion in allen Zweigen gleichmäßig heranreife, daß das aber zur allgemeinen Überproduktion nicht erforderlich sei, da es genüge, wenn die Überproduktion die leitenden Handelsartikel ergreift (zu denen MARX ausdrücklich auch die Hauptprodukte der Agrikultur zählt). Daraus folgt nun durchaus nicht, daß die Überproduktion immer in bestimmten Zweigen heranreift, während in anderen (in der Landwirtschaft) die sekundäre Überproduktion die Regel ist. Letzteres würde bedeuten, daß die Landwirtschaft in den kapitalistischen Ländern kein kapitalistischer Zweig wäre, denn in einem solchen führt die Entfaltung der kapitalistischen Widersprüche, in der chemischen Industrie nicht anders wie in der Weizenproduktion, im Maschinenbau nicht anders wie in der Viehwirtschaft, mit Notwendigkeit und selbständig im Rahmen der kapitalistischen Wirtschaft zur Überproduktionskrise. Aber ist denn die Landwirtschaft in den bürgerlichen Ländern ein kapitalistischer Zweig? Wirken hier die gleichen Widersprüche wie in der ganzen Produktionsweise, führen diese mit Notwendigkeit zur Krise? Hier sind wir tatsächlich am Kern der theoretischen Differenzen angelangt, die dem scheinbar müßigen Streit über die Form der Krise in der Landwirtschaft zugrunde liegen.

### *Die Vergesellschaftung in der Landwirtschaft durch den Kapitalismus*

Den Hauptteil seines Artikels widmet FRED OELSSNER dem Versuch, die von mir vertretene Auffassung vom *gesellschaftlichen* Charakter der landwirtschaftlichen Produktion in den kapitalistischen Ländern zu widerlegen. Er schreibt: „Es wird wohl niemanden einfallen, da hat PETER HESS ganz recht, den gesellschaftlichen Charakter der kapitalistischen landwirtschaftlichen Produktion zu bezweifeln. Die entscheidende theoretische Frage besteht nur darin, ob dabei vom gesellschaftlichen Charakter der Produktion *in dem Sinne* die Rede ist, wie ihn die marxistische Krisentheorie als Bestandteil des Grundwiderspruches auffaßt, der Krisen verursacht. (144)"OELSSNER sieht einen unterschiedlichen Gebrauch des Wortes „Vergesellschaftung" in der marxistischen Theorie (146) und behauptet, die Vergesellschaftung im Sinne der einen Seite des Grundwiderspruchs sei in der Landwirtschaft „recht schwach entwickelt", folglich natürlich auch der Grundwiderspruch selbst. OELSSNER schreibt: „Dieser Widerspruch ist in der kapitalistischen Landwirtschaft (von den bäuerlichen Wirtschaften gar nicht zu reden) infolge ihrer Zurückgebliebenheit noch so schwach entwickelt, daß sie nicht im gleichen Maße wie die Industrie als selbständiger Krisenherd in Erscheinung treten kann. Darum treten die periodischen Überproduktionskrisen in der Landwirtschaft in der Regel als Folge der Industriekrisen, in sekundärer Form auf (MENDELSON). Wenn dies aber richtig ist, wie soll dann dieser schwächer entwickelte Widerspruch solche gigantischen Erscheinungen wie jahrzehntelange Agrarkrisen hervorrufen, ohne das zusätzliche bedeutende Widersprüche hinzukommen, die nur aus der allgemeinen Agrartheorie des Marxismus erklärt werden können?! Eine solche These hat doch recht wenig Wahrscheinlichkeit für sich!" (150)

An dieser Stelle muß sich OELSSNER sogar in eine Polemik gegen MENDELSON einlassen, da letzterer die langfristigen Agrarkrisen auf den Grundwiderspruch des Kapitalismus zurückführt. Leider ist OELSSNER nicht ganz konsequent, wenn er am Schluß seines Beitrages zusammenfassend sagt, daß die langanhaltenden nichtzyklischen Agrarkrisen nur möglich sind, „weil der Grundwiderspruch . . . besteht" (156). Ich halte diese Formulierung zwar für völlig ungenügend, sie kommt aber der Wahrheit näher und entspricht offenbar auch genauer OELSSNERS tatsächlicher Meinung als die faktische Leugnung der Rolle des Grundwiderspruchs für die Agrarkrisen in den obenzitierten Formulierungen. Im übrigen zeugt aber die wiederholte Forderung OELSSNERS, zusätzliche Widersprüche, die sich nur mit der allgemeinen Agrartheorie erklären ließen, bei der Betrachtung der Agrarkrise heranzuziehen, von einem theoretischen Mißverständnis. Offensichtlich will OELSSNER nicht sagen, daß der Grundwiderspruch an sich nicht ausreicht, um die Krisen zu erklären, denn das gilt für jede Krise. Niemanden fällt es aber ein, beispielsweise den Widerspruch zwischen Produktion und Markt als „zusätzlichen" Widerspruch dem Grundwiderspruch gegenüberzustellen. OELSSNER hat offensichtlich solche Widersprüche im Sinn, die mit der Grundrente zusammenhängen und vergißt dabei, daß die Grundrente in ihren beiden Formen nur auf kapitalistischer Basis entstehen kann, nur wenn die landwirtschaftliche Produktion voll und ganz dem Markt unterworfen ist, nur wenn sich Bourgeoisie und Proletariat als die Hauptklassen auch in der Landwirtschaft konstituiert haben. Kapitalismus ist, auf den abstraktesten Ausdruck reduziert, nichts als die Bewegung des Grundwiderspruchs. Die kapitalistische Grundrente und die Widersprüche, die sie erzeugt, sind ebenfalls nur Äußerungen des Grundwiderspruchs des kapitalistischen Wirtschaftssystems.

OELSSNER hat also in mehrfacher Hinsicht recht, wenn er darauf aufmerksam macht, daß der Kern der Meinungsverschiedenheiten in der Auffassung des Grundwiderspruchs und dem Problem der Vergesellschaftung besteht.

Wie faßt der Marxismus-Leninismus das Problem der Vergesellschaftung, was versteht er unter dem Begriff „gesellschaftliche Produktion"?

## 1. Gesellschaftliche Arbeitsteilung

Gesellschaftliche Produktion ist zunächst untrennbar mit der *gesellschaftlichen Arbeitsteilung* verbunden. OELSSNER stellt gesellschaftliche Produktion im Sinne der einen Seite des Grundwiderspruchs, wie er betont, der gesellschaftlichen Arbeitsteilung gegenüber. Ich hatte in meinem damaligen Artikel LENIN zitiert, der sagte:

> „Fassen wir zusammen, was oben über die fortschrittliche historische Rolle des russischen landwirtschaftlichen Kapitalismus dargelegt wurde, so können wir sagen, daß er die landwirtschaftliche Produktion vergesellschaftet."[7]

OELSSNER führt nun dieses Zitat weiter und schreibt dann:

> „Wenn wir diese Sätze aufmerksam lesen, wird klar, daß LENIN hier nicht den spezifischen gesellschaftlichen Charakter der Produktion als Teil des Grundwiderspruchs ... im Auge hat, sondern (! P. H.) die Verwandlung der Landwirtschaft in Warenproduktion." (145)

Nun ist das zunächst eine vollkommene Mißdeutung der LENINschen Äußerung. An der von OELSSNER zitierten Stelle spricht LENIN von der Verwandlung der „Landwirtschaft aus einem Privileg des obersten oder einer Fron des untersten Standes in eine gewöhnliche kommerziell-industrielle Beschäftigung", von der „Unterwerfung des Arbeitsprodukts des Landwirts auf dem Markt einer gesellschaftlichen Kontrolle", von der Verwandlung der „einförmigen Routine der Landwirtschaft in die technisch umgestalteten und mannigfaltigen Formen der warenproduzierenden Landwirtschaft", von der Beseitigung der „lokalen Abgeschlossenheit und Zersplitterung der kleinen Landwirte", von der Verdrängung der „mannigfachen Formen der Schuldknechtschaft und der persönlichen Abhängigkeit durch unpersönliche Abmachung über Kauf und Verkauf der Arbeitskraft", und LENIN sagt,

> „alles das sind Kettenglieder eines Prozesses, der die landwirtschaftliche Arbeit vergesellschaftet und den Widerspruch zwischen der Anarchie der Marktschwankungen, zwischen dem individuellen Charakter der einzelnen landwirtschaftlichen Unternehmungen und dem kollektiven Charakter der im großen betriebenen kapitalistischen Landwirtschaft immer weiter verschärft".[8]

Es bleibt unverständlich, wie man aus diesen genialen Sätzen LENINS (denn es gehörte Genialität dazu, diese Prozesse in der unerhört rückständigen russischen Landwirtschaft des vorigen Jahrhunderts zu entdecken) entnehmen kann, daß LENIN nur (!) die Verwandlung der Landwirtschaft in Warenproduktion im Auge hatte, ganz abgesehen davon, daß LENIN im letzten Satz die Wirksamkeit des Grundwiderspruchs des Kapitalismus ausdrücklich formuliert. Aber das Falsche bei OELSSNER, was in diesem Zusammenhang hervorgehoben werden muß, ist gerade die *Gegenüberstellung* von „Vergesellschaftung" und „Entwicklung der Warenproduktion". Die Entwicklung der warenproduzieren-

[7] W. I. LENIN, Werke. Berlin 1956, Bd. 3, S. 320.
[8] Ebenda, S. 320/321.

den Landwirtschaft war und ist auch heute noch (denn der Prozeß ist selbst in entwickelten kapitalistischen Ländern noch nicht abgeschlossen) ein Prozeß der kapitalistischen Vergesellschaftung. LENIN schreibt an anderer Stelle unmißverständlich:

„Die Vergesellschaftung der Arbeit durch den Kapitalismus tritt in folgenden Prozessen in Erscheinung: Erstens beseitigt allein schon das Wachstum der Warenproduktion die der Naturalwirtschaft eigentümliche Zersplitterung der kleinen Wirtschaftseinheiten und vereinigt die kleinen örtlichen Märkte zu einem riesigen nationalen Markt (und danach zum Weltmarkt). Produktion für sich verwandelt sich in Produktion für die ganze Gesellschaft, und je höher der Kapitalismus entwickelt ist, desto stärker wird der Widerspruch zwischen diesem kollektiven Charakter der Produktion und dem individuellen Charakter der Aneignung."[9]

FRED OELSSNER kennt diese und die zahllosen ähnlichen Formulierungen LENINS natürlich auch. Daher beruft er sich auf einen angeblich unterschiedlichen Gebrauch des Wortes „Vergesellschaftung" in der marxistischen Theorie. (146 ff.)

Er sagt, daß allgemein gesprochen, die Arbeit (oder Produktion) immer vergesellschaftet gewesen sei, da die Menschen nie als Einzelwesen produziert haben. Dann sei mit der Warenproduktion der Widerspruch zwischen gesellschaftlicher Arbeitsteilung und der Privatarbeit entstanden. Mit der maschinellen Großproduktion schließlich hätte sich der „gesellschaftliche Charakter der Produktion mit ganz spezifischem Inhalt" herausgebildet, der eine Seite des Grundwiderspruchs des Kapitalismus darstelle. Natürlich ist es richtig, daß die Menschen immer in der Gesellschaft produziert haben, aber die Vergesellschaftung ihrer Arbeit, wenn man diesen Begriff viel weiter ausdehnen will, als es die Klassiker taten, beschränkte sich auf die urkommunistische Familie, auf das feudale Gemeinwesen usw. usf.

Die Warenproduktion, die sich unter kapitalistischen Bedingungen entwickelt, ist einerseits die gleiche wie die unter vorkapitalistischen Bedingungen, andererseits hat sie einen spezifischen Charakter. Ihr Hauptmerkmal ist die Verwandlung der Arbeitskraft in eine Ware. Doch davon später.

Vom kapitalistischen Charakter der Warenproduktion in der Landwirtschaft der bürgerlichen Länder, der sie durchaus von der Warenproduktion in der vorkapitalistischen Zeit unterscheidet, zeugt u. a. ihre Verbindung mit der Spezialisierung der landwirtschaftlichen Produktion. Auch dieser Hinsicht weist die Landwirtschaft Besonderheiten auf gegenüber der Industrie. Das hat historische Ursachen, auf deren Darstellung ich hier verzichten muß. Daraus ergibt sich aber, daß in der einen Gegend (und in einem Betrieb) das Getreide für den Markt produziert und zum Hauptprodukt wird, während die anderen Produkte hier nur im geringen Ausmaß oder gar nicht auf dem Markt erscheinen. Dagegen wird in einer anderen Gegend (oder in einem anderen Betrieb) das Vieh zum Hauptprodukt, und das Getreide dient fast ausschließlich der Fütterung. Je nach der historischen Entwicklung des betreffenden Landes nimmt die Arbeitsteilung verschiedene Formen an und führt zu einer mehr oder weniger

[9] Ebenda, S. 619.

ausgeprägten Spezialisierung in der Landwirtschaft. In den Vereinigten Staaten ist die kapitalistische Spezialisierung sehr weit gediehen. KAREN FREDERICS macht darauf aufmerksam, daß der Ausdruck „Farmer" für sich allein heute kaum benutzt wird. Man spricht von Milchleuten, Geflügelproduzenten, Gemüse-, Pflaumen- und Aprikosenzüchtern, von Weizenfarmern, Baumwoll- und Tabakpflanzern, Viehranchern usw.[10]

In den kapitalistischen Ländern Europas ist die Spezialisierung bislang andere Wege gegangen und ist noch nicht so weit, aber doch stark fortgeschritten. In Westdeutschland hat sich die Spezialisierung unter dem Druck der Mechanisierung, den Anforderungen des Großhandels und der verarbeitenden Industrie mit Hilfe der Genossenschaften und staatlicher Gesetze in den letzten Jahren mächtig entwickelt. Nur ein Fakt soll hier als Beispiel angeführt werden. Während sich die Viehbestände in den letzten 10 Jahren nur schwach entwickelten, stiegen die Aufwendungen für Futtermittelzukäufe von 1156 Millionen DM 1951/52 auf 2654 Millionen DM 1958/59 (in konstanten Preisen von 1951/52), d. h. auf mehr als das Doppelte, und das trotz schnellerer Steigerung der pflanzlichen als der tierischen Produktion. Es zeugt dies von einer rapiden Entwicklung der kapitalistischen Viehwirtschaft ohne wirtschaftseigene Futtergrundlage.

Erst die entwickelte, d. h. kapitalistische Warenproduktion hat die Arbeit im wirklichen Sinne vergesellschaftet, indem sie (das ist natürlich nur ein Kettenglied dieses Prozesses) die Produzenten über ihre lokalen Bindungen hinaus in Zusammenhang brachte, auf großer Stufenleiter, bis zum Weltmarkt.

Insofern gibt es keine gesellschaftliche Arbeit oder Vergesellschaftung in *diesem oder jenem Sinne*, wie OELSSNER zu begründen versucht. Wenn die ganze Menschheitsgeschichte nichts als die Vorgeschichte des Kommunismus ist, dann deswegen, weil alle vorangegangenen Produktionsweisen nur die historische Funktion hatten, die Arbeit sukzessive mittels der Entwicklung der Produktivkräfte immer weiter zu vergesellschaften, bis der Kapitalismus den großen Sprung in der Vergesellschaftung macht, der bis an den Sozialismus/Kommunismus heranführt. Im Kapitalismus hängen alle voneinander ab, ein einheitlicher Produktionsprozeß wird hergestellt, in den sowohl die industrielle als auch die landwirtschaftliche Produktion eingeschlossen sind. Es ist durchaus falsch anzunehmen und in keiner Weise zu begründen, daß, wenn die Klassiker von Vergesellschaftung im Kapitalismus reden, sie etwas anderes im Sinne hätten. Wenn man natürlich den Grundwiderspruch isoliert in den einzelnen Wirtschaften sucht — OELSSNER: „Dieser Widerspruch ist in der kapitalistischen Landwirtschaft (von den bäuerlichen Wirtschaften gar nicht zu reden) infolge ihrer Zurückgebliebenheit so schwach entwickelt ..." —, dann kann man das Wesen der kapitalistischen Vergesellschaftung nicht begreifen. Man sieht einem Apfel nicht seine Warennatur an; man kann einer bäuerlichen Wirtschaft nicht ansehen, ob sie „vergesellschaftet" ist, ob „in ihr" der Grundwiderspruch wirksam ist. Da sieht man höchstens, daß so ein Bauer keine kapitalistische Fabrik ist und das verleitet eben zu falschen Schlußfolgerungen. Aber darüber weiter unten.

[10] KAREN FREDERICS, Die Landwirtschaft der USA unter dem Druck der Monopole. Berlin 1954, S. 39.

## 2. Die Lohnarbeit in der Landwirtschaft

Der materielle Inhalt des Vergesellschaftungsprozesses erschöpft sich nun keineswegs in der mit der kapitalistischen Warenproduktion sich laufend vertiefenden gesellschaftlichen Arbeitsteilung und der Herstellung des Zusammenhangs der Produzenten auf dem nationalen und dem Weltmarkt. Eingeschlossen in diesen Prozeß und doch davon als distinkter Hauptaspekt der Vergesellschaftung hervorzugehen ist die Entwicklung und Verallgemeinerung der *Lohnarbeit*. Die Verwandlung der selbstwirtschaftenden Produzenten in Lohnarbeiter und ihrer Produktionsmittel in gesellschaftliche, konzentrierte Produktionsmittel, die jetzt das Eigentum weniger werden, ist die Voraussetzung der kapitalistischen Produktionsweise. Die Entwicklung des Kapitalismus, d. h. die weitere Vergesellschaftung der Arbeit, wird von der fortschreitenden Proletarisierung der Masse der Bevölkerung begleitet. Vergesellschaftung und Expropriation sind zwei Seiten desselben Prozesses. Diese Grundwahrheit des Marxismus-Leninismus läßt OELSSNER aber völlig außer acht, wenn er schreibt:

> „Was die andere Seite des kapitalistischen Grundwiderspruchs betrifft, die kapitalistische Form der Aneignung, so hat die Landwirtschaft, auch die der kleinen Warenproduzenten, gewiß viel bedeutendere Fortschritte gemacht, als in Bezug auf die gesellschaftliche Produktion. Besonders im Zeitalter des Imperialismus wird ein bedeutender Teil des Produktes von den Monopolen angeeignet. Aber durch die Hervorhebung des kapitalistischen Charakters dieser Ausbeutung kann HESS seine These nicht retten. Denn ohne die gesellschaftliche Produktion im geschilderten Sinne bringt der Kapitalismus keine periodischen Überproduktionskrisen hervor." (148)

Das muß man genau lesen. Ein bedeutender Teil des Produktes wird von den Monopolen angeeignet, *aber* die gesellschaftliche Produktion hat geringere Fortschritte gemacht; die Aneignung ist in hohem Maße kapitalistisch, *aber* die Produktion wurde nicht „im geschilderten Sinne" gleichermaßen vergesellschaftet. *Wie* das Monopolkapital sich einen bedeutenden Teil des Produktes aneignet, ohne die Produktion zu *beherrschen*, der gesellschaftlichen (kapitalistischen) *Kontrolle* zu unterwerfen, ohne die einfachen Warenproduzenten von ihrem Eigentum an Produktionsmitteln und Produkt zu trennen, sie zu expropriieren, bleibt dabei allerdings ein Geheimnis. Wieder zeigt sich eine fehlerhafte *Gegenüberstellung* zweier Seiten ein und desselben Prozesses.

Die Verbreitung der Lohnarbeit ist ein Hauptkriterium für die Vergesellschaftung im Kapitalismus. „Das Hauptmerkmal und der Maßstab des Kapitalismus in der Landwirtschaft ist die Lohnarbeit."[11] Bei der Untersuchung der Lohnarbeit in der Landwirtschaft stößt man auf einige Eigenarten, die sie von der in der Industrie unterscheidet. LENIN wies darauf hin, daß man jenen theoretischen Leitsatz, nach welchem der Kapitalismus den im doppelten Sinne freien Lohnarbeiter erfordert, nicht schablonenhaft auffassen darf. Infolge der langsameren und späteren Entwicklung des Kapitalismus in der Landwirtschaft, infolge der Auswirkungen des Monopols des Privateigentums an

[11] W. I. LENIN, Ausgewählte Werke in 12 Bänden. Verlag für fremdsprachige Literatur, Moskau 1939, Bd. 12, S. 265.

Grund und Boden und des Monopols der kapitalistischen Bewirtschaftung, infolge verschiedener Besonderheiten, die sich aus der Verschmelzung des gesellschaftlichen mit dem natürlichen Reproduktionsprozeß in der Landwirtschaft ergeben usw. sind die Formen der Lohnarbeit in der Landwirtschaft mannigfaltig und kompliziert, sie lassen sich absolut nicht einfach aus der Statistik ablesen. Das mag manchen zu einer Unterschätzung des Umfangs des Kapitalismus in der Landwirtschaft und zu einer Überschätzung des Umfangs der einfachen Warenproduktion verleiten. Bei Fred Oelssner ist das zweifellos der Fall. Denn wenn man der Meinung ist, daß die kapitalistische Vergesellschaftung sehr schwach entwickelt ist, dann sagt man damit auch, daß die Lohnarbeit (die ja nur die andere Seite der Vergesellschaftung ist) schwach entwickelt ist.[12]

In Wirklichkeit ist aber die Lohnarbeit in der Landwirtschaft der bürgerlichen Länder sehr stark verbreitet. Nehmen wir Westdeutschland als Beispiel. Vom raschen Prozeß der Proletarisierung sprechen an sich schon die Zahlen über die Verdrängung der werktätigen Bauern aus der Landwirtschaft. Wie bekannt, sind in den letzten 12 Jahren rund 400000 landwirtschaftliche Betriebe verschwunden, deren Inhaber zusammen mit ihren Familienangehörigen überwiegend ins Proletariat gestoßen wurden. Aber das interessiert hier weniger, da zu untersuchen ist, in welchem Maße die *vorhandene* ländliche Bevölkerung proletarisiert ist. Denn neben der absoluten Verdrängung aus der Landwirtschaft findet der Prozeß der Ruinierung und Proletarisierung der Bauern seinen Ausdruck vor allem in der Verschlechterung ihrer Arbeits- und Lebensbedingungen, in ihrer faktischen Verwandlung in Lohnarbeiter bei formeller Erhaltung ihres Privateigentums.

Ein markanter Ausdruck für diesen Prozeß ist die Zunahme des sogenannten „Nebenerwerbs“, d. h. der Zwang für eine wachsende Zahl von „Bauern“, ihren Lebensunterhalt und die Erhaltung ihrer Wirtschaften mit Lohnarbeit außerhalb des Betriebes zu verdienen. Gegenwärtig arbeiten bereits mehr als zwei Drittel aller ‚Betriebsinhaber‘ und mehr als vier Fünftel aller mithelfenden Familienangehörigen teilweise außerhalb ihrer Wirtschaften.[13] Eine westdeutsche Untersuchung förderte folgende interessanten Tatsachen zutage: (S. 234)

[12] Gelegentlich wird auf die Zurückgebliebenheit der Landwirtschaft in den ökonomisch schwachentwickelten Ländern verwiesen. Aber, von der Frage ausgehend, die wir diskutieren, ist das Produkt sagen wir des in halbfeudalen Verhältnissen schuftenden iranischen Bauern *auf dem Weltmarkt* ein ebenso kapitalistisches Produkt wie das des amerikanischen Großfarmers, genauso der gesellschaftlichen Kontrolle auf dem Weltmarkt unterworfen. Die Rede geht ja von der kapitalistischen Agrarkrise, einer Erscheinung des kapitalistischen Weltmarktes, und nicht von den Agrarverhältnissen in Iran. Wenn man, um mit Lenin zu sprechen, die von der politischen Ökonomie aufgestellten Lehrsätze nicht schablonenhaft, nicht mechanisch, sondern mit Sinn und Verstand anwenden will, dann darf man z. B. die Gesetze der kapitalistischen Vergesellschaftung der Landwirtschaft nur vom Standpunkt der für den Weltmarkt produzierenden Landwirtschaft betrachten.

[13] Die Lage der westdeutschen Landwirtschaft 1959/60, Ausschuß für Deutsche Einheit. Berlin 1961, S. 20.

Anteil des außerlandwirtschaftlichen Einkommens am Gesamteinkommen in 1411 südwestdeutschen Landwirtschaftsbetrieben

| Betriebsgröße in ha LN | Betriebe mit außerlandwirtschaftlichem Einkommen in Prozent aller Betriebe | Außerlandwirtschaftliche Einkommen in Prozent des Gesamteinkommens |
|---|---|---|
| 2–3 | 90,9 | 71,0 |
| 3–4 | 81,7 | 60,3 |
| 4–5 | 80,0 | 52,6 |

Quelle: Die Agrarpolitik der Adenauer-Regierung. VEB Deutscher Landwirtschaftsverlag, Berlin 1962, S. 114.

Schon diese Angaben beweisen, daß ein großer Teil der ländlichen Bevölkerung in Lohnarbeiter mit einem Stück Land verwandelt wird. Andererseits gibt es natürlich eine große Zahl von Betrieben, die Lohnarbeiter beschäftigen. In der westdeutschen Landwirtschaft wurden 1960 laut Angaben der Betriebszählung 314000 ständige Lohnarbeiter beschäftigt. Sie konzentrieren sich weitgehend auf die Betriebe mit 20 ha landwirtschaftlicher Nutzfläche und darüber, die etwa 8 Prozent aller Betriebe ausmachen und weit über die Hälfte aller Lohnarbeiter beschäftigen. Aber es gibt auch in den kleinflächigen Betrieben solche, die Lohnarbeiter beschäftigen, was nur die alte Wahrheit bestätigt, daß die Fläche kein ausreichendes Kriterium für die Bestimmung der Klassenzugehörigkeit landwirtschaftlicher Betriebe ist. Interessant sind nun folgende Angaben:

| | Betriebe | | Ständige Lohnarbeiter | | Ständig beschäftigte Familienarbeitskräfte | | Nicht ständig beschäftigte Familienarbeitskräfte | |
|---|---|---|---|---|---|---|---|---|
| | 1000 | % | 1000 | % | 1000 | % | 1000 | % |
| 1949 | 1900,5 | 100 | 996,4 | 100 | 4669,7 | 100 | 1103,6 | 100 |
| 1960 | 1584,7 | 83,4 | 314 | 31,6 | 3137,5 | 67,2 | 1238,3 | 112,2 |

Quelle: Statistisches Bundesamt der BRD, „Wirtschaft und Statistik", Heft 5, 1961, S. 276.

Hier zeigt sich, daß die Zahl der Betriebe (und damit der „Betriebsinhaber") zurückgegangen ist, noch stärker die Zahl der ständig beschäftigten Familienarbeitskräfte, am stärksten aber die Zahl der Lohnarbeiter, während die Zahl der nichtständigen Familienarbeitskräfte zugenommen hat und, wie aus anderen Quellen hervorgeht, auch die Zahl der nichtständigen Lohnarbeiter, obwohl in viel geringerem Ausmaß als die Abnahme der Zahl der ständigen Lohnarbeiter.

Dieser Rückgang der Lohnarbeit (relativ und absolut) zeugt nun beileibe nicht vom Vordringen des „Familienbetriebs" oder von irgendeiner „Entkapitalisierung", wie uns die bürgerlichen Ideologen glauben machen wollen. Der

Rückgang der beschäftigten Lohnarbeiter, der am stärksten in den relativ kleineren Betrieben, aber auch in den größeren Klassen zu beobachten ist, zeugt von zwei Prozessen. *Erstens*, und das interessiert hier am meisten, von der Verwandlung des Kleinbürgers, des kleinen Kapitalisten, der wenig Lohnarbeiter ausbeutet und selber den Hauptteil der Arbeitskraft in seiner Wirtschaft liefert, in einen Proletarier, der selbst Lohnarbeit leistet. *Zweitens*, und dies trifft vor allem auf die größeren kapitalistischen Betriebe zu, zeugen diese Angaben von der Erhöhung der organischen Zusammensetzung des Kapitals, die in der Landwirtschaft, wie MARX voraussah, auf einer bestimmten Höhe der Entwicklung von einem absoluten Rückgang der Zahl der Lohnarbeiter begleitet wird.

Wir haben es hier mit einer der wichtigsten neuen Erscheinungen des Kapitalismus in der Landwirtschaft zu tun, die bislang wenig beachtet wurde. Die Unterordnung der Landwirtschaft unter das Monopolkapital verwandelt die Produzenten auch innerhalb ihrer Wirtschaften mehr und mehr in faktische Lohnarbeiter, wobei das juristische Eigentum an den Produktionsmitteln, soweit noch vorhanden, nur als Hülle dieses Prozesses dient. Gerade diese Hülle des Privateigentums ist ein Faktor, der die Lage der bäuerlichen Proletarier gegenüber dem im doppelten Sinne freien Lohnarbeiter in der kapitalistischen Industrie noch elender und verzweifelter gestaltet. Denn dieser Bauer muß, um seinen „Lohn" zu erhalten, „seinen" Betrieb über Wasser halten, was vor allem für ihn und seine Familie bedeutet, bis an die absolute physische Grenze zu schuften und den Riemen immer enger zu schnallen. Aus Raumgründen muß ich hier darauf verzichten, den Beweis dafür zu erbringen. Es sei nur gesagt, daß ein umfangreiches Material von der wahrhaft elenden Lage der überwiegenden Mehrzahl der Bauern in Westdeutschland zeigt. Die Bauerndemonstrationen der jüngsten Zeit sind ein noch schwacher Ausdruck dafür.

Was diesem Prozeß der Verwandlung der ländlichen Produzenten aus Kleinbürgern in Lohnarbeiter[14] zugrundeliegt, ist kurz skizziert folgendes:

Es wird oft davon gesprochen, daß sich das Finanzkapital die Landwirtschaft unterworfen hat. Was heißt das?

Das heißt erstens, daß die wahren Eigentümer der landwirtschaftlichen Betriebe die Banken und Monopole in Industrie und Handel sind. Ein großer Teil der landwirtschaftlichen Fläche besteht aus Pachtland, ein weiterer ist mit Hypotheken belastet. Darüber hinaus haben die Bauern „ihre" Produktionsmittel zu einem großen Teil durch „Schulden machen" erworben. Diese Schulden bringen genauso die Trennung des Produzenten von seinen Produktionsmitteln zum Ausdruck wie die Hypothekenzinsen die Trennung von seinem Grund und Boden.

Zweitens wird eine wachsende Zahl von Produktionsstufen aus der Landwirtschaft in die Zuliefer- bzw. verarbeitende Industrie verlagert. Immer deutlicher

[14] Es sei kurz vermerkt, daß selbst die formelle Erhaltung des Privateigentums an Produktionsmitteln den ländlichen Produzenten natürlich vom Industriearbeiter unterscheidet und vor allen Dingen wesentliche Auswirkungen auf sein Bewußtsein zeitigt. Für die Entwicklung des Klassenkampfes, für die Strategie und Taktik der Partei der Arbeiterklasse ist das von erstrangiger Bedeutung. Mir kommt es hier darauf an, auf das den äußeren Erscheinungen zugrundeliegende Wesen der Sache aufmerksam zu machen.

wird die Tendenz, daß der Bauer seine Produktionsmittel auf Kredit zugeteilt bekommt, gelegentlich mit der Verpflichtung, seine Produkte an den entsprechenden Kapitalisten abzuliefern. Was er beiträgt zum Produktionsprozeß ist in zunehmendem Maße seine Arbeitskraft allein. Einen gewissen Höhepunkt in dieser Entwicklung bildet die sogenannte „vertikale Integration", bei der die ländlichen Produzenten nur noch nach Anweisung sei es des kapitalistischen Industriebetriebs oder des Handelsunternehmens arbeiten und selbst die Form des Verkaufs der Produktionsmittel auf Kredit fallengelassen wird.

Drittens organisieren die Genossenschaften die Bauern für das Monopolkapital. Die überwiegende Mehrzahl der westdeutschen Bauern ist in Genossenschaften erfaßt. Diese sind aber große Monopolunternehmen, die eng mit den Banken und den Industriemonopolen verflochten sind. Ihren „Unterbau" bilden die Dorfgenossenschaften, die jegliche Selbständigkeit verloren haben. Das genossenschaftliche Eigentum ist im wesentlichen Monopoleigentum; die ländlichen Produzenten steuern vor allem ihre Arbeitskraft bei.

Viertens wird, wo die ökonomische Kraft der Monopole nicht hinreicht, um die Bauern zu unterwerfen, die außerökonomische Macht des Staates zur Hilfe genommen. Mit einer Vielzahl von staatlichen und halbstaatlichen Organisationen sowie mit Gesetzen und Verordnungen werden die Bauern in ein System gepreßt, daß ihnen die Entscheidungsfreiheit im Produktionsprozeß nimmt und sie zwingt, auf das Mehrprodukt und einen nicht geringen Teil des notwendigen Produkts zu verzichten — um „Bauern" zu bleiben.

Das sind nur sehr global dargestellte Glieder des Proletarisierungsprozesses der Bauern. Auch sind die wirklichen Verhältnisse oft komplizierter und die Bewegung ist nicht immer gradlinig. Die Form des Kaufs und Verkaufs von Waren verschleiert diesen Prozeß. Für die Mehrzahl der ländlichen Produzenten in Westdeutschland gilt, daß sich ihr Mehrprodukt in Mehrwert für das Monopolkapital verwandelt, daß sie in Wirtschaften arbeiten, deren faktisches Eigentum sie bereits verloren haben, daß sie, wie die Lohnarbeiter in der Industrie, in „ihren" Betrieben nur noch schuften und schuften müssen, um ihren Lebensunterhalt zu verdienen. Dieser Prozeß ist im Fluß; er ist noch nicht abgeschlossen, und es ist fraglich, ob er zum Abschluß kommen wird. Die Proletarisierung ist aber bereits sehr weit gediehen, und es ist höchste Zeit, daß die neuen Erscheinungen einer marxistischen Analyse unterzogen werden und man sich von alten, überholten Verstellungen befreit.

## 3. Die Konzentration der Produktion

Ein weiteres Glied in der Kette der kapitalistischen Vergesellschaftung ist die *Konzentration der Produktion*. Es kann kein Zweifel darüber bestehen, daß FRED OELSSNER die Konzentration der Produktion in der Landwirtschaft unterschätzt. Die ganze Theorie von den „zyklischen Krisen in sekundärer Form" basiert bei MENDELSON, dem OELSSNER folgt, auf der faktischen Gleichstellung der landwirtschaftlichen Produktion mit dem Kleingewerbe, wogegen ich mich schon seinerzeit wandte.

Nach dieser Vorstellung wird die Landwirtschaft der bürgerlichen Länder durch ein Meer von klein- und mittelbäuerlichen Produzenten charakterisiert, sie ist eben „bäuerlich". Es ist dies eine Neuauflage der Theorie der „werktätigen" Landwirtschaft. Man vergegenwärtige sich die Darstellung OELSSNERS auf den Seiten 144 ff. seines Artikels. Hier führt OELSSNER folgenden Ausspruch LENINS gegen mich ins Feld:

„Dadurch (durch den geringeren Grad der Konzentration in der Landwirtschaft — P. H.) wird der schon längst gezogene Schluß bestätigt, daß sich der Kapitalismus in der Landwirtschaft, im Vergleich zu seiner Entwicklung in der Industrie, in einem Stadium befindet, das der Manufaktur näher steht als der maschinellen Großindustrie. Die Handarbeit überwiegt in der Landwirtschaft noch, und die Anwendung von Maschinen ist verhältnismäßig äußerst schwach. Aber die angeführten Zahlen beweisen durchaus nicht, daß es unmöglich wäre, die landwirtschaftliche Produktion auch auf ihrer gegenwärtigen Entwicklungsstufe zu vergesellschaften."[15]

Warum aber? Die Erklärung LENINS hat OELSSNER nicht zitiert, ich füge sie hinzu:

„Wer die Banken hat, der hat *unmittelbar* ein Drittel aller amerikanischen Farmen in der Hand und beherrscht mittelbar ihre gesamte Masse."[16]

Ich will zunächst davon absehen, daß dieses Zitat aus einer Arbeit stammt, die LENIN vor nahezu fünfzig Jahren geschrieben hat. OELSSNER zieht aus diesem Zitat nur den Schluß, daß ich den unterschiedlichen Gebrauch des Wortes „Vergesellschaftung" in der marxistischen Theorie nicht beachte. Aber LENINS Ausführungen sind doch sonnenklar. Die Banken, nicht die Farmer, beherrschen die amerikanischen Farmen, ungeachtet der niedrigeren Konzentration der unmittelbaren Produktion. Der niedrigere Grad der Konzentration in der unmittelbaren Produktion ist also nicht das entscheidende, sondern daß der Kapitalismus die Landwirtschaft vergesellschaftet — von „innen" her u. a. durch die Konzentration, obwohl sie noch schwach entwickelt ist, von „außen" durch die Herrschaft der Banken über die Farmen. Die ganze Arbeit LENINS („Neue Daten über die Entwicklungsgesetze des Kapitalismus in der Landwirtschaft") hat den Zweck, dem Leser die „bemerkenswerte Übereinstimmung der Entwicklungsprozesse" in Industrie und Landwirtschaft vor Augen zu führen, wie LENIN am Schluß der Arbeit zusammenfassend feststellt, und OELSSNER möchte mit ihr gerade das Gegenteil beweisen.

Der falsche Eindruck von der „bäuerlichen Struktur" der Landwirtschaft wird vor allem durch die Nichtbeachtung der marxistisch-leninistischen Lehre über die Besonderheiten der Durchsetzung des Konzentrationsprozesses in der Landwirtschaft erzeugt. Angesichts der hochentwickelten Produktivkräfte, die der Kapitalismus besonders in seinem monopolistischen Stadium hervorbringt, setzt sich die Konzentration in der Landwirtschaft gewissermaßen auf zwei Linien durch: einmal in der unmittelbaren Produktion und — da der Konzentration auf dieser Linie Hemmnisse entgegenstehen, die vor allem auf das Monopol des Privateigentums an Grund und Boden und das Monopol der kapitalistischen Bewirtschaftung zurückzuführen sind — zweitens auf dem bereits an-

[15] W. I. LENIN, Werke. Berlin 1960, Bd. 22, S. 97.
[16] Ebenda.

gedeuteten *Umwege* der Unterwerfung der Landwirtschaft unter das Monopolkapital und den dem Monopolkapital untergeordneten Staat bei Aufrechterhaltung der *Form* der Privatproduktion.

Das Hauptproduktionsmittel in der Landwirtschaft ist der Boden. Hier zeigte sich in der Zeit von 1949 (in diesem Jahr wurde die erste landwirtschaftliche Betriebszählung nach dem Kriege durchgeführt) bis 1960 folgende Ent wicklung:

Veränderungen der Zahl der Betriebe und der landwirtschaftlichen Nutzfläche (LN) der Betriebe von 1949 bis 1960 (einschl. Saarland)

| | Größenklassen nach der LN in ha | | | | | | | |
|---|---|---|---|---|---|---|---|---|
| | 0,5–2 | 2–5 | 5–10 | 10–20 | 20–50 | 50–100 | 100 u. darüber | insges. |
| Zahl der Betriebe in 1000 | –137,0 | –166,2 | – 60,7 | + 30,2 | + 9,5 | + 1,0 | – 0,4 | –323,6 |
| in Prozent | – 22,7 | – 29,9 | – 15,0 | + 11,8 | + 8,4 | + 8,0 | –11,2 | – 16,6 |
| LN in 1000 ha | –154 | –542 | –374 | +451 | +258 | +65 | –96 | –392 |
| in Prozent | – 23,4 | – 29,5 | – 13,1 | + 12,7 | + 7,9 | + 7,8 | –17,0 | – 2,9 |

Quelle: Statistisches Jahrbuch über Ernährung, Landwirtschaft und Forsten 1960. Verlag Paul Parey 1961, S. 30.

Die Tabelle zeigt den außerordentlich schnellen Rückgang der Zahl und Fläche der klein- und mittelbäuerlichen Betriebe und die Stärkung besonders der großbäuerlichen und kapitalistischen Betriebe. Die Abnahme in der Gruppe der Betriebe mit 100 ha LN und darüber ist ebenfalls auf eine kapitalistische Intensivierung zurückzuführen (von Scheinaufteilungen aus Furcht vor einer Bodenreform zu Beginn der Entwicklung abgesehen). Diese Entwicklung ist auch 1961 fortgeschritten, wobei allerdings die Abnahme der Zahl der Betriebe mit 100 ha LN und darüber zum Stillstand gekommen ist, während sich die Fläche in dieser Größenklasse bereits wieder um 1100 ha erweiterte.[17]

Die prozentuale Aufteilung der Betriebe und der landwirtschaftlichen Nutzfläche nach Größenklassen kommt in folgenden Zahlen zum Ausdruck:

| | 0,5–2 | 2–5 | 5–10 | 10–20 | 20–50 | 50–100 | 100 u. darüber | insges. |
|---|---|---|---|---|---|---|---|---|
| Zahl der Betriebe | 28,8 | 23,9 | 21,1 | 17,7 | 7,5 | 0,8 | 0,2 | 100 |
| LN | 3,8 | 9,9 | 18,9 | 30,4 | 26,7 | 6,8 | 3,5 | 100 |

Quelle: „Grüner Bericht", 1961.

Hier zeigt sich, daß 73,8 Prozent der Betriebe einen geringeren Anteil an der landwirtschaftlichen Nutzfläche bewirtschaften (nämlich 32,6 Prozent) als die 8,5 Prozent der Betriebe mit 20 ha LN und darüber, die 37 Prozent der Nutzfläche bewirtschaften.

[17] Vgl. Deutscher Bundestag, 4. Wahlperiode, Drucksache IV/180 (Grüner Bericht 1961), S. 13 und 14.

Natürlich geben diese Zahlen nicht annähernd die wirkliche Konzentration des Eigentums an. Einmal ist aus der Statistik der Betriebe, geordnet nach der Nutzfläche, die Forstfläche ausgeklammert. Der Waldbesitz ist aber besonders stark in Großbetrieben konzentriert.[18] Von den Betrieben mit Waldfläche besaßen 1949 allein 0,15 Prozent 39,1 Prozent der Waldflächen. Nahezu 80 Prozent befanden sich in Betrieben mit über 20 ha Waldfläche, das waren etwa 4 Prozent aller Betriebe mit Waldfläche. Außerdem zeigt eine Statistik der Besitzverhältnisse nicht die Konzentration des *Eigentums*, die viel höher ist, wenn man die starke Verbreitung der Pacht in Westdeutschland beachtet. Weit über die Hälfte aller Betriebe in Westdeutschland wirtschaftet völlig oder zum Teil auf gepachtetem Land.

Die Konzentration der unmittelbaren Produktion läßt sich aber keinesfalls allein anhand der Konzentration der Bodenflächen feststellen. Infolge des doppelten Monopols des Privateigentums und der Bewirtschaftung des Grund und Bodens spiegelt die Verteilung der Bodenflächen sehr einseitig und ungenau die Verteilung der tatsächlichen ökonomischen Macht wider. Am richtigsten würden die wahren Verhältnisse durch eine Aufteilung der Betriebe nach der Warenproduktion widergegeben werden. Solche Angaben stellt die westdeutsche Statistik aber nicht zur Verfügung. Der Nachweis der Konzentration der Produktion in der Landwirtschaft ist daher ein schwieriges Unterfangen. Annäherungswerte erhalten wir durch einige andere Merkmale. Betrachten wir z. B. die Verteilung der Lohnarbeitskräfte:

Besatz an ständigen Lohnarbeitskräften in Westdeutschland, 1958

| Größenklasse in ha LN | Betriebe in 1000 | Lohnarbeiter je 100 Betriebe |
|---|---|---|
| 0,5—2 | 526 | 9,5 |
| 2 —5 | 444 | 9,0 |
| 5 —10 | 366 | 11,7 |
| 10 —20 | 274 | 32,1 |
| 20 —50 | 118 | 139,0 |
| 50 und mehr | 16 | 781,2 |

Quelle: Die Agrarpolitik der Adenauer-Regierung. VEB Deutscher Landwirtschaftsverlag, Berlin 1962, S. 52.

Diese Tabelle zeigt nicht nur, daß die ständigen Lohnarbeitskräfte (die vielfältigen Formen der nicht ständigen und versteckten Lohnarbeit, die u. a. oftmals unter dem Namen „Nachbarschaftshilfe“ zu finden sind, wurden dabei nicht in Betracht gezogen) sehr stark auf die großflächigen Betriebe konzentriert sind, sondern auch, daß bis in die Gruppen mit den (flächenmäßig) kleinsten Betrieben kapitalistische Betriebe anzutreffen sind. Die Fläche kann also keinesfalls als alleiniges Kriterium für die Konzentration genommen werden.

[18] Vgl. P. Hess, Ökonomische Grundlagen der ländlichen Klassen in Westdeutschand. Berlin 1957, S. 58.

Es ist gerade kennzeichnend für die Entwicklung des Kapitalismus in der Landwirtschaft, daß die Betriebe durch die Anlage von zusätzlichem Kapitel auf der gleichen Fläche wachsen bzw. daß der Zuwachs an Kapital die Erweiterung der Fläche überholt.

Das zeigt sich auch, wenn wir die Verteilung großer landwirtschaftlicher Maschinen betrachten. Hierergibt sich für 1959 folgendes Bild: Während in der Gruppe bis 5 ha LN (die Kleinstbetriebe unter 0,5 ha ausgeschlossen) 13,4 Prozent der Betriebe in Besitz von Traktoren sind und in der Gruppe mit 5—10 ha LN 57,2 Prozent, entfallen in der Gruppe von Betrieben mit 50 ha LN und mehr 244,9 Traktoren auf 100 Betriebe. Es versteht sich, daß sich die Traktoren in der Gruppe mit geringerer landwirtschaftlicher Nutzfläche weitgehend (wenn auch nicht ausschließlich) in denselben Betrieben dieser Größenklassen befinden, die auch Lohnarbeiter beschäftigen. Noch deutlicher zeigt sich die wirkliche Konzentration, wenn wir so große und moderne Maschinen betrachten wie Mähdrescher. Von den 1955 (neuere Angaben über die Aufgliederung stehen nicht zur Verfügung) vorhandenen 5647 Mähdreschern im alleinigen Besitz landwirtschaftlicher Betriebe (d. h. ausschließlich der nicht sehr ins Gewicht fallenden Maschinen in den Händen von Lohnunternehmern, Gemeinschaftseinrichtungen usw.) wurden 5142 in den Betrieben mit 20 ha LN und darüber gehalten. und die Hälfte aller Mähdrescher befand sich im Besitz von 1 Prozent der Betriebe.

Die verfügbaren Angaben beweisen, daß auch beim Vieh eine starke kapitalistische Konzentration vor sich gegangen ist (was besonders deutlich wird, wenn man die Produktivität des Viehs — bei Kühen beispielsweise die Milchleistung — mit in Betracht zieht). Neueste Angaben zeigen folgenden Durchschnittsbesatz an Milchkühen je Betrieb:

| | | | |
|---|---|---|---|
| unter 2 ha | 1,4 | 10—20 ha | 6,2 |
| 2— 5 ha | 2,4 | 20—50 ha | 6,2 |
| 5—10 ha | 4,0 | 50 ha und mehr | 22,3 |

Ungeachtet dieser nur skizzenhaft dargestellten Tatsachen, ist die unmittelbare landwirtschaftliche Produktion in geringerem Maße konzentriert als die Produktion in der Industrie. Wie erwähnt, stehen der Konzentration der Produktion in der Landwirtschaft Hemmnisse entgegen, die mit dem Privateigentum und der privaten Bewirtschaftung des Grund und Bodens zusammenhängen. Während in der Industrie der Grund und Boden wesentlich Standort der Produktion ist, wird in der Landwirtschaft *mit* dem Boden produziert, dieser ist aber seinem Umfang nach beschränkt und befindet sich in den Händen hunderttausender Privatproduzenten. Dementsprechend sind auch Produktion und Produktionsmittel relativ stark zersplittert. Unter kapitalistischen Bedingungen ist eine Konzentration der Produktion in der Landwirtschaft, die den Erfordernissen der Entwicklung der modernen Produktivkräfte entspricht, nicht möglich. Wie bereits LENIN nachwies, ist das Kapital an einer restlosen Liquidierung der Kleinproduzenten auch nicht interessiert, bildet doch die Arbeit der werktätigen Produzenten in der Landwirtschaft neben der Ausbeutung der Landarbeiter die Quelle des Reichtums des unmittelbar und mittelbar in dieser Sphäre angelegten Kapitals.

Das Konzentrationsgesetz setzt sich folglich auf bestimmten Umwegen durch, und zwar in dem Maße, wie sich die modernen Produktivkräfte durchsetzen. Unter den Bedingungen des Monopolkapitalismus geht die Konzentration bei Beibehaltung des hohen Anteils der privaten Produktion auch in solchen Formen vor sich wie: Aneignung des Grund und Bodens durch die Banken über die Hypothek, Konzentration des Kreditwesens, Konzentration des Großhandels, Verlagerung einer wachsenden Zahl von Produktionsstufen aus der Landwirtschaft in die Zuliefer- und verarbeitende Industrie, „vertikale Integration", Zusammenfassung der werktätigen und kapitalistischen Einzelproduzenten in von den Monopolen beherrschten Genossenschaften usw.

Die Konzentration der Produktion kann hier nicht allein vom Standpunkt der unmittelbaren Produktion der einzelnen Betriebe gefaßt werden. Jeder landwirtschaftliche Betrieb produziert nur einen winzigen Teil des Gesamtproduktes hunderttausender Betriebe, und diese Produktion geht im wesentlichen auf Grund und Boden vor sich, der den Banken und Versicherungsgesellschaften gehört und mit Produktionsmitteln, die von den monopolistischen Kreditinstitutionen und den großen Maschinenbau- und Chemiekonzernen kreditiert werden. Das Produkt wird — standardisiert — von großen kapitalistischen Verarbeitungsbetrieben bzw. vom Monopolhandel erfaßt und vertrieben.

## 4. Maschinelle Großindustrie und Landwirtschaft

Die Vergesellschaftung von Arbeit und Produktion findet im Kapitalismus ihren Höhepunkt in der *maschinellen Großindustrie.* Daraus ergibt sich, daß zur Klärung des Streites über die kapitalistische Vergesellschaftung in der Landwirtschaft und über die Wirkung des Grundwiderspruchs untersucht werden muß, ob sich die maschinelle Großindustrie auch die Landwirtschaft der bürgerlichen Länder unterworfen hat.[19]

In meinem zur Diskussion stehenden Artikel wandte ich mich gegen die Formulierung MENDELSONS, daß das Krisengesetz ein Gesetz des Kapitalismus im Stadium der „fabrikmäßigen Großproduktion" sei, und sagte, das sei eine Einengung. Hierin erblickte FRED OELSSNER den Ausgangspunkt meiner fehlerhaften Konzeption. Das bleibt zu prüfen. Zweifellos ist die Krise Ausdruck und Form der zeitweiligen Lösung des reifgewordenen Grundwiderspruchs des Kapitalismus im Stadium der maschinellen Großindustrie. OELSSNER tut mir unrecht, wenn er meint, ich erkenne das nicht an. Die Einengung in der Formulierung MENDELSONS erblicke ich darin, daß maschinelle Großindustrie unter der Hand mit der kapitalistischen Maschinenfabrik gleichgesetzt wird. Würde man diese Formulierung anerkennen, dann ergebe sich daraus der von OELSSNER erwünschte Schluß, daß die Landwirtschaft in der Tat das Stadium

[19] Ich muß in diesem Zusammenhang zugeben, daß meine Bemerkung gegen PETRUSCHOW, wonach es nicht notwendig sei, das Problem „Hat die Landwirtschaft das Stadium des Maschinensystems erreicht oder nicht?" zu diskutieren, um festzustellen, ob der Grundwiderspruch des Kapitalismus hier wirksam ist („Konjunktur und Krise", Heft 2/3, 1960, S. 129/130), auf einem Mißverständnis darüber beruhte, was PETRUSCHOW mit „Maschinensystem" meinte, und daher unberechtigt war.

nicht erreicht hat, in dem der Grundwiderspruch zu Krisen führen kann. OELSSNER führt zahlreiche Zitate an, um zu beweisen, daß erst mit der maschinellen Großproduktion „der gesellschaftliche Charakter der Produktion jenen höchsten Stand seiner Entwicklung (erreicht), in dem der antagonistische Widerspruch zu der althergebrachten Aneignungsform periodisch Überproduktionskrisen hervorruft" (146). So richtig das ist, so ungenau ist OELSSNERS Formulierung, daß hier der gesellschaftliche Charakter der Produktion einen ganz spezifischen Inhalt hat, „der untrennbar mit der ‚fabrikmäßigen Großproduktion' verbunden ist"(147), und die Behauptung, „daß dieser spezifische gesellschaftliche Charakter der Produktion auch heute noch in der Landwirtschaft recht schwach entwickelt ist" (147.). Es beruht nicht auf einem Mißverständnis, wenn ich behaupte, daß OELSSNER „maschinelle Großindustrie" mit „fabrikmäßiger Großproduktion" gleichsetzt. Dies geht auch daraus hervor, daß OELSSNER meine These, daß die Landwirtschaft schon wegen ihrer zwangsläufigen räumlichen Ausdehnung die industrielle *Form* der fabrikmäßigen Großproduktion nie annehmen wird, zwar einschränkt (und damit hat er recht, obwohl das seine Vorstellung nicht stützt), aber als Beweis dafür nimmt, daß auch ich angeblich nicht bestreite, daß „dieser spezifische gesellschaftliche Charakter der Produktion auch heute noch in der Landwirtschaft recht schwach entwickelt ist".. FRED OELSSNER setzt also voraus, daß auch ich (wie er!) den spezifischen gesellschaftlichen Charakter der Produktion im Kapitalismus nur mit der kapitalistischen Fabrik in Verbindung bringe.

Jetzt sind wir bei der Frage der Vergesellschaftung, und damit des Grundwiderspruchs, an den Kern der Meinungsverschiedenheiten angekommen. OELSSNER faßt also den „gesellschaftlichen Charakter der Produktion ‚innerhalb des Grundwiderspruchs'", die „spezifische Vergesellschaftung", den „gesellschaftlichen Charakter der Produktion mit ganz spezifischem Inhalt" usw. usf., als eine solche Vergesellschaftung, die wir nur in der kapitalistischen Fabrik vorfinden. Ich dagegen fasse den Inhalt der Vergesellschaftung im Kapitalismus viel breiter, sehe aber ihren Höhepunk im Stadium der maschinellen Großindustrie.

Ist das vielleicht eine Spitzfindigkeit, ist nicht maschinelle Großindustrie dasselbe wie fabrikmäßige Großproduktion? Durchaus nicht. Das Stadium der maschinellen Großindustrie als Entwicklungsstadium des Kapitalismus führte im eigentlichen industriellen Bereich (in der Industrie im engeren Sinne) zur kapitalistischen Fabrik auf Basis der Maschinerie als höchster Stufe. Aber die Entwicklung des Kapitalismus in der Landwirtschaft verläuft unter anderen Bedingungen und in anderen Formen als in der Industrie. Hier führt das *Eindringen der maschinellen Großindustrie* nicht zur Fabrik, oder erst in einem späten Stadium. Die fabrikmäßige *Form* der maschinellen Großproduktion entwickelt sich auch heute erst in wenigen Zweigen der Landwirtschaft, besonders in der tierischen Produktion, ist aber selbst in den entwickelsten Ländern noch keinesfalls typisch. Wenn man keine oder erst relativ schwache Ansätze zur „fabrikmäßigen Großproduktion" in der Landwirtschaft sieht, dann darf man aber deswegen nicht die Rolle der maschinellen Großindustrie in der Landwirtschaft leugnen und damit die „spezifische Vergesellschaftung" und den Reifegrad des Grundwiderspruchs. *Denn die maschinelle Großindustrie wälzte die Landwirtschaft wie die Industrie um, vergesellschaftete die Arbeit hier wie dort,* nur die Formen sind andersartig und oftmals komplizierter.

Ist es richtig, davon zu sprechen, daß sich die maschinelle Großindustrie auch die Landwirtschaft der kapitalistischen Länder unterworfen hat? Ich denke, die verfügbaren Angaben lassen diesen Schluß absolut zu. Wie kommt das Eindringen der maschinellen Großindustrie in der Landwirtschaft zum Ausdruck? In der Ersetzung der Handarbeit durch die Arbeit mit Maschinen, in industriellen Produktionsformen, in der Spezialisierung der Produktion, in der Verflechtung des landwirtschaftlichen mit dem industriellen (im engeren Sinne) Produktionsprozess, u. a. m. FRED OELSSNER möchte LENIN zum Zeugen dafür aufbieten, daß die Landwirtschaft dem Stadium der Manufaktur näher ist als dem der maschinellen Großindustrie, da die Anwendung von Maschinen verhältnismäßig äußerst schwach ist; darum sollen einige Angaben zu diesem Thema gemacht werden. 1960 besaßen etwa die Hälfte aller landwirtschaftlichen Betriebe in Westdeutschland mit landwirtschaftlicher Nutzfläche über 0,5 ha Vierrad- und Kettenschlepper bzw. Geräteträger. Die Zahl solcher Geräte betrug nahezu 800000. Dazu kamen 80000 Betriebe mit nahezu 90000 Einachsschlepper (einschließlich Motorhacken, Motorfräsen, aber ohne Einzweckmotormäher). 960260 Betriebe waren in Besitz von fast 2 Millionen Elektromotoren.[20] Für neue Maschinen wurden in der westdeutschen Landwirtschaft 1960/61 etwa 2,6 Milliarden DM ausgegeben. Daß sich die Maschine die Landwirtschaft erobert hat, kann nicht ernsthaft bezweifelt werden, selbst wenn zugegeben wird, daß die Handarbeit noch immer stärker verbreitet ist als in der eigentlichen Industrie. Seit LENIN den obenerwähnten Satz schrieb, ist ein halbes Jahrhundert vergangen. Im übrigen sei erwähnt, daß Westdeutschland hinsichtlich der Mechanisierung der Landwirtschaft durchaus nicht an der Spitze der entwickelten kapitalistischen Länder steht. Daraus ergeben sich aber bestimmte Schlußfolgerungen.

„In der Sphäre der Agrikultur", schreibt MARX, „wirkt die große Industrie insofern am revolutionärsten, als sie das Bollwerk der alten Gesellschaft vernichtet, *den ‚Bauer'*, und ihm *den Lohnarbeiter* unterschiebt."[21]

„Wie in der Industrie," schreibt LENIN, „fordert die große Maschinerie auch in der Landwirtschaft mit eherner Kraft gesellschaftliche Kontrolle und Regelung der Produktion."[22]

Das Verkehrte bei OELSSNER besteht darin, daß er die Vergesellschaftung im Kapitalismus viel zu eng auffaßt, sie nur in der Entwicklung der kapitalistischen Fabrik als für den Kapitalismus „spezifisch" anerkennt. Um seine Ansicht zu beweisen, wählte er eine Darstellung aus dem „Anti-Dühring", wo ENGELS diese sicherlich wichtigste Form und den Höhepunkt der Vergesellschaftung von der Manufaktur zur Fabrik beschreibt. Aber ENGELS stellt hier keine Überlegungen bezüglich der Landwirtschaft an. Dagegen hat MARX im „Kapital" (Kapitel „Maschinerie und Große Industrie") einen ganzen Abschnitt dem Thema „Große Industrie und Agrikultur" gewidmet.

[20] Statistisches Jahrbuch der BRD, 1962, S. 176/177.
[21] KARL MARX, Das Kapital. Berlin 1947, Bd. I, S. 530.
[22] W. I. LENIN, Werke, a. a. O., Bd. 3, S. 233.

Die enge und damit verkehrte Auffassung von der Vergesellschaftung ist übrigens nicht neu. LENIN hat sich in seinen frühen theoretischen Werken wiederholt mit denjenigen auseinandergesetzt, die das Problem der Vergesellschaftung im Kapitalismus auf „Arbeit in ein und derselben Räumlichkeit"[23], also auf die Fabrik, reduzieren wollten. Er schrieb:

> „Die Vergesellschaftung der Arbeit durch die kapitalistische Produktion besteht durchaus nicht darin, daß die Menschen in ein und derselben Räumlichkeit arbeiten (das ist ein kleiner Teil dieses Prozesses), sondern darin, daß die Konzentration der Kapitalien von der Spezialisierung der gesellschaftlichen Arbeit, von einer Verringerung der Anzahl der Kapitalisten in jedem gegebenen Industriezweig und einer Vergrößerung der Anzahl der speziellen Industriezweige begleitet ist; sie besteht darin, daß viele zersplitterte Produktionsprozesse zu einem einzigen gesellschaftlichen Produktionsprozeß verschmelzen."[24]

Wenn dank dem Kapitalismus die Vergesellschaftung der Arbeit erreicht ist, sagt Lenin, verhält sich die Sache so:

> „Der Weberfabrikant hängt vom Besitzer der Baumwollspinnerei ab, dieser vom kapitalistischen Pflanzer, der die Baumwolle angebaut hat, vom Besitzer der Maschinenfabrik, des Steinkohlenbergwerks usw. usf. Das Ergebnis ist, daß kein Kapitalist ohne den anderen auskommen kann."[25]

Worin besteht also zusammenfassend der gesellschaftliche Charakter der Produktion in der Landwirtschaft der kapitalistischen Länder? Er besteht in dem Aufkommen von spezialisierten Produktionszweigen und der Produktion für den Markt (in der Entwicklung der Warenproduktion in die Breite und die Tiefe), im untrennbaren Zusammenschluß der landwirtschaftlichen Produktionszweige mit den übrigen Zweigen der kapitalistischen Produktion, in der Auflösung der Bauernschaft in die Grundklassen der kapitalistischen Gesellschaft, in der — wenn auch relativ schwächeren, so doch fortgeschrittenen — Konzentration der Produktion, in der Umwälzung der Produktionsweise durch die maschinelle Großindustrie, in der Unterordnung der landwirtschaftlichen Produktion unter das Finanzkapital, in der staatsmonopolistischen Reglementierung und Kontrolle der Produktion. Klar ist, daß die kapitalistische Vergesellschaftung der Landwirtschaft im Kapitalismus in dem einzigen Sinne, wie er vom Marxismus-Leninismus verstanden wird, durchaus nicht „sehr schwach entwickelt", sondern sehr weit gediehen ist. Eben daher rühren die „Schwierigkeiten" der kapitalistischen Landwirtschaft, die heute so augenfällig sind; denn es sind weder der selbstwirtschaftende Bauer (von gestern) noch die künftige sozialistische Gesellschaft, die die landwirtschaftliche Produktion in den kapitalistischen Ländern beherrschen, sondern es herrscht das Kapital (heute das Finanzkapital), und diese Herrschaft ist unvereinbar mit rationeller Agrikultur. Daher die Notwendigkeit des Sozialismus auch vom Standpunkt der Landwirtschaft; denn der Kapitalismus, die maschinelle Großindustrie, der staatsmonopolistische Kapitalismus ist nicht etwas, was der Landwirtschaft in den kapitalistischen Ländern von außen

[23] W. I. LENIN, Werke, a. a. O., Bd. 1, S. 168ff.
[24] Ebenda, S. 169.
[25] Ebenda, S. 169/170.

aufgepfropft wird, sondern sich auch in der Landwirtschaft, die ein Bestandteil der gesamten kapitalistischen Wirtschaft ist, und auf Basis der kapitalistischen Vergesellschaftung der Landwirtschaft entwickelt und zur Herausbildung derselben Widersprüche führt wie in der Industrie, zur selben Notwendigkeit, die Aneignungsweise mit der Produktionsweise in Übereinstimmung zu bringen.

Daß dieser Prozeß im Kapitalismus eigenartige Formen aufweist, die dann auch andere Formen der sozialistischen Umgestaltung der Landwirtschaft als der Industrie erfordern, ist weder neu noch ein Gegenargument. Fred Oelssner spricht des öfteren von der allgemeinen Agrartheorie des Marxismus; deren wesentlicher Bestandteil ist aber gerade die Aufdeckung der Wesensgleichheit der grundlegenden Prozesse der gesellschaftlichen Entwicklung in Industrie und Landwirtschaft bei gleichzeitiger Beachtung der wesentlichen Unterschiede in der Form dieser Entwicklung. Lenin, der auf Basis der Marxschen Rententheorie die Agrartheorie nach allen Seiten hin ausgearbeitet hat, betrachtet dies stets als Hauptzweck seiner Arbeit, um der revolutionären Arbeiterklasse die wissenschaftliche Begründung für die Bündnispolitik zu geben, um ihr die absolute Unumgänglichkeit der kapitalistischen und damit auch der sozialistischen Umgestaltung der *gesamten* Gesellschaft vor Augen zu führen. In seiner Polemik gegen die Volkstümler wendet sich Lenin mit aller Schärfe gegen den Versuch, einen schroffen Unterschied zu machen zwischen der kapitalistischen Entwicklung in der verarbeitenden Industrie und in der Landwirtschaft und schreibt:

> „Der bürgerliche Charakter — das ist bereits eine Tatsache des wirklichen Lebens, auch in der Landwirtschaft ist die Arbeit bereits dem Kapital unterworfen, und was man ‚fürchten' muß, ist nicht der bürgerliche Charakter, sondern der Umstand, daß sich der Produzent dieses bürglichen Charakters nicht bewußt ist, daß es ihm an der Fähigkeit gebricht, seine Interessen dagegen zu verteidigen.."[16]

Genau darum geht es auch heute in Westdeutschland. Dem Produzenten klarmachen, daß der Kapitalismus die Produktion vergesellschaftet hat und ihn proletarisiert, daß sein Heil daher nicht in der bereits verschwundenen „selbständigen Wirtschaft" sondern in dem Bündnis mit dem Industrieproletariat gegen monopolkapitalistische Ausbeutung liegt — das ist eine Hauptvoraussetzung für die Verwirklichung der Bündnispolitik der Arbeiterklasse, für den erfolgreichen Kampf gegen den Imperialismus und für alle objektiv gemeinsamen Ziele der Werktätigen in Stadt und Land.

### *Schlußfolgerungen für die Theorie der Agrarkrisen*

Ich kann mich hier kurz fassen, weil ich im Prinzip diese Schlußfolgerungen bereits seinerzeit zu ziehen versuchte. Ich beschränke mich im wesentlichen darauf, auf einige Argumente Fred Oelssners einzugehen.

Aus der Tatsache, daß der Kapitalismus Industrie und Landwirtschaft vergesellschaftet hat, ergibt sich, daß in beiden Sphären die gleichen Widersprüche wirken, die unaufhaltsam zu Krisen führen müssen. Die kapitalistische Industrie macht den bekannten Zyklus durch und die Krisen treten periodisch auf. Infolge der überragenden Bedeutung der Industrie im entwickel-

[26] Ebenda, S. 491.

ten Kapitalismus bleibt kein Zweig der Gesamtwirtschaft von diesen zyklischen Industriekrisen unberührt. Aber gerade weil der Kapitalismus sich auch die Landwirtschaft unterworfen hat und weil in dieser Sphäre bestimmte wichtige Sonderbedingungen beistehen, finden die kapitalistischen Widersprüche hier besondere Äußerungsformen, die in den langfristigen Agrarkrisen in Erscheinung treten, während das Reagieren der Landwirtschaft auf die zyklischen Industriekrisen (und dieses Reagieren ist durchaus nicht einförmig) nicht als eine Form der Krise in der Landwirtschaft gefaßt werden kann. Diese Auffassung steht nicht im Widerspruch dazu, daß es ein „allgemeines Krisengesetz" gibt, stellt nur in Frage, daß die kapitalistische Krise sich auch in der Landwirtschaft mit einer bestimmten Periodizität entladen und einen Agrarzyklus ebenso wie einen Industriezyklus hervorbringen kann.

Mit der Einheitlichkeit des kapitalistischen Reproduktionsprozesses, den ich nach OELSSNERS Meinung leugne, hat das gar nichts zu tun. Hätte nicht FRED OELSSNER eine fehlerhafte Auffassung vom Vergesellschaftungsprozeß, würde er sofort erkennen, daß die Einheitlichkeit des kapitalistischen Reproduktionsprozesses *eben dadurch hergestellt wird*, daß der Kapitalismus Industrie *und* Landwirtschaft vergesellschaftet. Die Reproduktionsprozesse in Industrie und Landwirtschaft sind untrennbar miteinander verbunden, Agrarkrise und Industriekrise wirken aufeinander ein.

Was die Ursache betrifft, auf die ich die langfristigen Agrarkrisen zurückführe, so hat mich FRED OELSSNER gründlich mißverstanden. Ich wiederhole die entsprechenden Zitate aus meinem damaligen Artikel, die OELSSNER anführt:

> „Folglich kann man die Agrarkrise nicht nur *allgemein* aus den Widersprüchen zwischen gesellschaftlicher Produktion und privatkapitalistischer Aneignung erklären, sondern auch aus dem Vorhandensein dieses Widerspruchs in der Landwirtschaft selbst."
> „Die Agrarkrise ist also Ausdruck und Methode der zeitweiligen Überwindung der sich auf Basis des Grundwiderspruchs entfaltenden Widersprüche, die allgemein in der gesamten Volkswirtschaft und speziell auch in der Landwirtschaft selbst bestehen."[27]

Dem hält OELSSNER nun entgegen:

> „Die speziellen inneren Widersprüche der Landwirtschaft, die in der Industrie keine Rolle spielen (Bodenmonopol, Grundrente u. a.) sind überhaupt nicht erwähnt. Offenkundig will der Autor damit ausdrücken, daß diese Widersprüche für die Erklärung der Agrarkrise belanglos sind." (140/41)

Darauf wäre erstens zu erwidern, worauf ich weiter oben schon hinwies, daß es schwerfallen dürfte, die mit der Grundrente etc. verbundenen Widersprüche aus den „sich auf Basis des Grundwiderspruchs entfaltenden Widersprüche, die allgemein in der gesamten Volkswirtschaft und speziell auch in der Landwirtschaft selbst bestehen", auszuklammern. Hier handelt es sich bei FRED OELSSNER offenbar um einen theoretischen Lapsus. Wer nun meint, dies sei eine Spitzfindigkeit zur Vertuschung tatsächlicher Irrtümer, den muß ich

[27] „Konjunktur und Krise", Heft 2/3, 1960, S. 142.

darauf aufmerksam machen, daß ich seitenlang (wenn auch insgesamt notgedrungen nur skizzenhaft) auf die „speziellen Widersprüche und Bedingungen der Landwirtschaft" eingehe, von denen bei mir angeblich nicht die Rede ist. Oelssner sagt, ich weise zu Recht auf die wichtige Rolle der Grundrente hin, und er sagt sogar, was ich über die Verflechtung des gesellschaftlichen und natürlichen Reproduktionsprozesses sage, sei „entscheidend und hervorragend" (141). Im übrigen habe ich in einem zweiten Artikel weitere „spezielle Bedingungen und Widersprüche der Landwirtschaft" behandelt, die sich aus ihrer Stellung in der kapitalistischen Weltwirtschaft ergeben.[28]

Worüber man sich allerdings streiten kann, ist folgendes: Ich behandle diese Fragen unter dem Aspekt der Besonderheiten der Agrarkrise gegenüber der zyklischen Industriekrise, Oelssner dagegen meint, man müsse diese Besonderheiten, die speziellen Bedingungen usw., zu den Haupt*ursachen* der Agrarkrisen rechnen. Es ist richtig, daß ich in dem zur Diskussion stehenden Artikel die Ursachen, die auf Basis des Grundwiderspruchs des Kapitalismus unmittelbar zur Krise führen, kaum behandelt habe. Das ist eine Schwäche des Beitrags, und darin liegt sicherlich auch eine Ursache für manche Mißverständnisse. In diesem Sinne genügt natürlich der Grundwiderspruch zur Erklärung der Agrarkrisen nicht. Aber das gilt auch für die zyklische Industriekrise, und dennoch stellt kein Marxist in Frage, daß der Grundwiderspruch ihre Ursache ist. Daher konzentrierte ich mich auf diese Frage. Auch in der Landwirtschaft äußert sich der Grundwiderspruch im Widerspruch zwischen Produktion und Verwertung, zwischen Produktion und Markt usw. usf. Nach meiner Auffassung modifizieren Grundrente und die übrigen „speziellen Bedingungen" der Landwirtschaft die Entfaltung dieser Widersprüche, können aber nicht zu den Ursachen selbst gezählt werden. Nehmen wir die Grundrente. Oelssner führt Zitate von Engels und Lenin an, um zu beweisen, daß die Ursache der Krise im letzten Viertel des 19. Jahrhunderts vor allem die hohen Grundrenten in Europa waren. Ich will mich hier nicht in einen Streit über die Auslegung von Zitaten einlassen. Tatsache ist, wie ich in meinen Artikel „Weltmarkt und Agrarkrise" nachwies, daß es sich um eine echte Überproduktionskrise handelte, die sowohl die Vereinigten Staaten wie Europa ergriff. Die hohen Renten in Europa bewirkten den *katastrophalen Umfang* des Ruins der kleinen und großen Agrarier (und daher der „Agrarierjammer"), sie waren aber nicht Ursache der Agrarkrisen. Die hohen Renten trugen auch dazu bei, die „Anpassung" der europäischen Landwirtschaft an die neuen Weltmarktbedingungen zu erschweren und zogen damit die Krise in die Länge, sie hatten die Krise aber nicht hervorgerufen. Daher ist es völlig flasch wenn Oelssner meint, „daß es sich um eine besondere Überproduktionskrise gehandelt hatte, die nicht aus dem allgemeinen Krisengesetz allein erklärt werden kann" (154). Das war eine kapitalistische Überproduktionskrise wie jede andere, *d. h. auch mit all ihren historisch bedingten Eigenarten.* Zu erklären ist sie eben nur aus dem „allgemeinen Krisengesetz", d. h. aus den kapitalistischen Widersprüchen, die zu Krisen führen. Ganz und gar auf dem Holzweg befindet sich aber Fred Oelssner, wenn er meint, die Besonderheit dieser Krise gegenüber den aus dem „allgemeinen Krisengesetz" zu erklärenden

[18] Peter Hess, Weltmarkt und Agrarkrise. In: „Konjunktur und Krise", Heft 3, 1961.

sei durch die Faktoren, die zu ihrer Überwindung beitrugen, bewiesen. So schreibt er:

„Die Überwindung der Agrarkrise vollzog sich nicht durch die bekannten Faktoren der Krise und Depression, wie Preissturz, Produktionsrückgang, Waren- und Kapitalvernichtung (obwohl auch diese Faktoren vorhanden waren), sondern — wie MARX vorausgesehen hat — durch tiefgehende Veränderungen in der Struktur der Landwirtschaft, die in der Industrie nicht ihresgleichen hatten." (154/55)

Das ist in mehrfacher Hinsicht falsch. Erstens war die Funktion der ersten großen Weltagrarkrise gerade die Herstellung neuer Gleichgewichtsbedingungen auf dem Weltmarkt, und das geschah in erster Linie durch den Niedergang bestimmter agrarischer Produktionszweige in Europa, vornehmlich in England. Zwischen 1871 und 1901 ging die englische Getreideanbaufläche um die Hälfte zurück. In weniger als 25 Jahren wurden in Großbritannien nahezu 20 Prozent weniger Ackerfläche bebaut. Durch die Agrarkrise wurde England zum bedeutendsten Agrarmarkt der Welt. In Deutschland ging der Anteil der ländlichen Bevölkerung von 1871 bis 1900 von 83 Prozent auf 40 Prozent zurück. Auch Deutschland wurde zu einem bedeutenden Einfuhrgebiet für Agrarprodukte. Die tiefgehenden Veränderungen in der Struktur der Landwirtschaft bildeten die andere Seite desselben Prozesses — die kapitalistische Umwandlung der Landwirtschaft und ihre Einbeziehung in die Weltwirtschaft. Auch hier wieder bei FRED OELSSNER eine undialektische Gegenüberstellung zweier Seiten ein und desselben Prozesses. LENIN sagte zur Krise im letzten Viertel des 19. Jahrhunderts:

„Die gegenwärtige Agrarkrise ist eine kapitalistische Krise. Wie alle kapitalistischen Krisen ruiniert sie die Pächter, und Landwirte eines Gebietes, eines Landes, eines Zweiges der Landwirtschaft und gibt zugleich der Entwicklung des Kapitalismus in einem andern Gebiet, einem anderen Land, in andern Zweigen der Landwirtschaft einen gewaltigen Anstoß."[29]

Von welcher Seite wir die Sache auch betrachten, immer wieder zeigt sich daß die Agrarkrise, was ihr ökonomisches Wesen betrifft, auf dieselben Widersprüche zurückzuführen ist wie jede andere kapitalistische Krise und dem Wesen nach auch dieselben sozialen Auswirkungen zeitigt.

[29] W. I. LENIN, Werke, a. a. O., Bd. 3, S. 226 (Fußnote).

# Die verschärfte Ausbeutung der Industriearbeiter Westdeutschlands während der Nachkriegszeit (1950–1960)

Waldemar Armann

Auf der Grundlage einer außerordentlich starken Akkumulation des Kapitals in Westdeutschland im Verlauf der Aufschwungsperiode nach dem zweiten Weltkrieg wuchs die Arbeiterklasse beträchtlich. Sie vermehrte sich in ihrer Gesamtzahl von etwa 33,3 Millionen 1950 auf etwa 39,4 Millionen 1960, d. h. auf 118 Prozent.[1] Ihr Anteil an der Gesamtbevölkerung erhöhte sich damit von 69,8 Prozent 1950 auf 73,5 Prozent 1960. Erheblich schneller als die gesamte Arbeiterklasse wuchs die aktive Arbeiterarmee. Sie vergrößerte sich von 13,2 Millionen im September 1950 auf etwa 18,6 Millionen im Oktober 1960, d. h. auf 141 Prozent Noch schneller wuchs aber im gleichen Zeitraum die Zahl der Arbeiter und Angestellten in den kapitalistischen Industriebetrieben Westdeutschlands. Es geht zu weit, hier näher den Wachstumsprozeß der Arbeiterklasse in Westdeutschland während der Periode von 1950 bis 1960/61 zu behandeln. Uns kommt es auf den grundlegenden ökonomischen Inhalt dieses Prozesses an.

Im Prozeß ihrer erweiterten Reproduktion und Konzentration prägte sich die Stellung der Arbeiterklasse in Westdeutschland als Träger der Großproduktion in den vergangenen Jahren weiter gewaltig aus. Das ist aber nur die eine grundlegende Seite des ökonomischen Inhaltes der erweiterten Reproduktion der Arbeiterklasse in Westdeutschland.

Die zweite grundlegende Seite des ökonomischen Inhalts ihrer erweiterten Reproduktion in Westdeutschland ist die gewaltige Vertiefung der Ausbeutung. Sie vollzog sich auf der Grundlage des kapitalistischen Eigentums — der ökonomischen und politischen Herrschaft des Monopolkapitals im engen Zusammenhang mit der Ausprägung der zuerst genannten grundlegenden Seite. Gesetzmäßig war so die starke Vermehrung der aktiven Arbeiterarmee — insbesondere des Industrieproletariats — verbunden mit einer Zunahme der Ausbeutung, auf deren Grundlage sich das monopolkapitalistische Eigentum so vergrößern konnte.

Um den Prozeß der enormen Ausdehnung und Vertiefung der Ausbeutung der Arbeiterklasse in Westdeutschland zu erfassen, müssen wir im wesentlichen folgende Faktoren in ihrer Entwicklung berücksichtigen und einschätzen:

[1] Nach eigenen Berechnungen. Vgl. hierzu: Eva Altmann u. a., Westdeutschland unter den Gesetzen der Reproduktion des Kapitals und die Arbeiterklasse. Berlin 1960, Kapitel 9. — In den Angaben für 1960 ist das Saargebiet mit einbezogen.

1. den Umfang der Lohnarbeit, die gegeben ist durch die Zahl der beschäftigten Lohnarbeiter, ihrer Arbeitszeit und Arbeitsintensität;
2. die Entwicklung der Mehrwertrate, die durch verschiedene Faktoren bestimmt wird.

Im Rahmen dieses Artikels ist es nicht möglich, umfassend und allseitig diese Entwicklung zu erfassen und einzuschätzen. Wir wollen uns ferner hier nur auf einen wesentlichen Bereich der materiellen Produktion, die Industrie, beschränken. Der Hauptteil der Arbeiterklasse in Westdeutschland konzentriert sich hier, und wir treffen auf den Hauptteil der Lohnarbeit, die wirklich den Mehrwert *produziert*, während z. B. im Handel die Lohnarbeit vorwiegend der Realisierung des Mehrwertes dient.

### *1. Zur Ausdehnung der Lohnarbeit in der Industrie*

Untersuchen wir zunächst die Ausdehnung der Lohnarbeit in Westdeutschland nach 1950. Mit der Lohnarbeit ist organisch — ganz gleich in welchem Grad — die Mehrarbeit für das Kapital verbunden. Die Produktion in Westdeutschland ist Mehrwertproduktion, die ihre Quelle in der Lohnarbeit, d. h. der Ausbeutung der Arbeiterklasse findet. In gewisser Weise findet deshalb auch die Ausdehnung der Lohnarbeit in der Ausdehnung der Produktion ihren Niederschlag. Das gilt insbesonders für die Entwicklung des Mehrproduktes auf Grund der Wirkung der Arbeitsproduktivität.

Es gibt aber noch andere Möglichkeiten, die Ausdehnung der Lohnarbeit zu erfassen. Das geschieht unmittelbar über die Zahl der beschäftigten Lohnarbeiter und deren Arbeitszeit.

Die Lohnarbeit ist gebrauchswert- und wertschaffende Arbeit, wie das bei jeder warenproduzierenden Arbeit der Fall ist. Diese beiden Seiten müssen wir auch bei der Erfassung der Ausdehnung der Lohnarbeit berücksichtigen und auseinanderhalten. Dabei interessiert hier in erster Linie die Lohnarbeit als wertschaffende, als abstrakte Arbeit.

In der folgenden Tabelle 1 wurde die Ausdehnung der Lohnarbeit, wie sie in der westdeutschen Industrie seit 1950 erfolgte, mit den eben erwähnten Möglichkeiten annähernd erfaßt.

In der von der Bonner Statistik berechneten Entwicklung der Nettoproduktion[2] finden wir einen wichtigen Anhaltspunkt für die Ausdehnung der gebrauchswertmäßigen Produktion. Diese kann man allerdings nicht mit der Ausdehnung der Produktion in ihrer wertmäßigen Seite gleichsetzen. Mit dem Bonner Index der industriellen Nettoproduktion haben wir die Ausdehnung der Lohnarbeit in ihrem konkreten Charakter, d. h. in ihrer Eigenschaft als gebrauchswertschaffende Arbeit festgehalten. Um 149 Prozent war der Wert der von den Lohnarbeitern 1960 in der Industrie geschaffenen Produkte gegenüber 1950 größer. Von Jahr zu Jahr wurde zum großen Teil immer *erheblich* mehr produziert als im vorangehenden Jahr. Dem liegt eine entsprechende Zunahme der konkreten Arbeit zugrunde, die, wie aus den Zahlen der Tabelle hervorgeht,

[2] Der Bonner Index der industriellen Produktion basiert auf dem „Nettoproduktionswert". Er ist preisbereinigt, berücksichtigt aber nicht die Erhöhung des konstanten fixen Kapitals.

nicht nur absolut zunahm (in Gestalt der Beschäftigten und ihrer gesamten Arbeitszeit), sondern die vor allem in ihrem Effekt, in ihrer Produktivität und Intensität erheblich gesteigert wurde.

*Tabelle 1*

Die Veränderungen der Produktion, der Zahl der Beschäftigten und ihrer Arbeitszeit in der westdeutschen Industrie von 1950 bis 1960[3]

(Zuwachs in Prozent zum Vorjahr)

| Jahr | Produktion[4] | Beschäftigte | | Arbeitszeit | |
|---|---|---|---|---|---|
| | | insgesamt | darunter Arbeiter | durchschnittl. Wochenarbeitszeit | geleistete Arbeiterstunden |
| 1951 | +19,0 | +11,2 | +11,7 | −1,3 | +10,8 |
| 1952 | + 5,9 | + 3,5 | + 2,6 | +0,2 | + 2,7 |
| 1953 | +10,3 | + 4,1 | + 3,4 | +0,8 | + 3,7 |
| 1954 | +11,5 | + 5,4 | + 5,4 | +1,4 | + 5,8 |
| 1955 | +14,8 | + 8,5 | + 7,1 | +0,4 | + 8,3 |
| 1956 | + 7,9 | + 6,2 | + 5,8 | −1,6 | + 3,8 |
| 1957 | + 6,3 | + 3,3 | + 2,8 | −3,1 | − 2,5 |
| 1958 | + 2,9 | + 0,7 | — | −1,7 | − 1,9 |
| 1959 | + 7,2 | + 0,4 | − 0,5 | −0,2 | − 1,2 |
| 1960 | +10,7 | + 4,1 | + 3,5 | — | + 3,5 |
| 1960 gegenüber 1950 (1950 = 100) | 249 | 158 | 152 | 95 | 137 |

Wie sieht es nun aber mit der Entwicklung der *Neuwertproduktion* aus, die sich ja auf der Grundlage der Lohnarbeit als wertschaffende Arbeit, als abstrakte Arbeit bzw. als Verausgabung von Arbeitskraft schlechthin vollzieht?

Nach den Angaben der Bonner Statistik soll es sich bei dem in unserer Tabelle berechneten Wachstum der Produktion um die Entwicklung des „Nettoproduktionswertes" der Industrie handeln. Die Zahlen in den folgenden Spalten, insbesondere der letzten Spalte, wo die Entwicklung der geleisteten Arbeiterstunden als Quelle des Neuwertes festgehalten sind, stehen in krassem Widerspruch zur Entwicklung des „Nettoproduktionswertes" der Bonner Statistik.

Der „Nettoproduktionswert" entwickelte sich nach den Berechnungen der Bonner Statistiker wie die Nettoproduktion in ihrer gebrauchswertmäßigen Seite um das Anderthalbfache. Dabei verlief diese Entwicklung sehr ungleichmäßig. Das soll aber hier nicht weiter interessieren. Die Zahl der Beschäftigten in der Industrie wuchs „nur" um 58 Prozent, die Zahl der Arbeiter um 52 Prozent. Beständig vollzog sich hier von Jahr zu Jahr und im unterschiedlichen

[3] Nach den offiziellen Angaben der Bonner Statistik; nur Industriebetriebe mit 10 und mehr Beschäftigten. Ohne Energiebetriebe und Bauindustrie sowie ohne Handwerk.

[4] Berechnet nach dem offiziellen Index für die industrielle Nettoproduktion.

Grad eine langsamere Entwicklung gegenüber der sogenannten Nettoproduktion. Die Wochenarbeitszeit entwickelte sich unterschiedlich und war schließlich 1960 geringer als 1950[5]. Die unterschiedliche Bewegung der Lohnarbeit trifft schließlich auch für die geleisteten Arbeiterstunden zu, die ja eng mit der Veränderung der Zahl der beschäftigten Arbeiter und deren Arbeitszeit zusammenhängen.

Im Gegensatz zu einer Ausdehnung der Nettoproduktion um 149 Prozent steht eine Ausdehnung der Lohnarbeit auf Grund der geleisteten Arbeiterstunden von „nur" 37 Prozent, wenn wir die Jahre 1950 und 1960 miteinander vergleichen.

Noch augenscheinlicher tritt dieser Unterschied in den Jahren 1957 bis 1959 auf. Hier verringerte sich sogar jährlich die Zahl der geleisteten Arbeitsstunden; die Nettoproduktion aber vergrößerte sich weiter.

Die Lösung dieses scheinbaren Widerspruchs finden wir vor allem in folgender Richtung:

Die Ausdehnung der Produktion ist eng mit der Entwicklung der Arbeitsproduktivität verbunden. Ihre Steigerung ist in der von der Bonner Statistik berechneten Entwicklung des „Nettoproduktionswertes" mit enthalten, obwohl sie prinzipiell bzw. unmittelbar *nichts* mit der Vergrößerung des Nettoproduktionswertes insgesamt zu tun hat. Die Steigerung der Arbeitsproduktivität ist eine Frage der Entwicklung der konkreten Arbeit. Diese hat nichts mit dem Wertprodukt der Arbeit zu tun. Das Wertprodukt hängt ausschließlich mit der Arbeit als abstrakte Arbeit, mit der Verausgabung von Arbeitskraft schlechthin zusammen. Durch die Steigerung der Arbeitsproduktivität wird das Wertprodukt oder der Nettoproduktionswert nicht größer oder kleiner.

Eine gewisse Rolle spielt ferner, daß die Ausdehnung der Lohnarbeit als wertschaffende Arbeit tatsächlich größer ist, als in der Zahl der Beschäftigten und ihrer geleisteten Arbeits*zeit* zum Ausdruck kommen kann. Die geleistete Arbeit läßt sich nicht nur durch die Zahl der beschäftigten Arbeiter und deren Arbeitszeit ermessen. Sie hängt auch von der Arbeitsintensität ab, wie ja jede Arbeit einen bestimmten Intensitätsgrad beinhaltet. Aber gerade hinsichtlich der Intensität der Arbeit haben sich in Westdeutschland wesentliche Veränderungen vollzogen, die in ihrer Wirkung auf das Wertprodukt zum Teil einer Verlängerung des Arbeitstages und damit einer Ausdehnung der Lohnarbeit gleichkommen.

Der „Nettoproduktionswert" verschleiert die Senkung des Wertes der Waren durch die Steigerung der Arbeitsproduktivität. Die tatsächliche Entwicklung des Nettoproduktionswertes wird viel zu hoch ausgewiesen.[6] Die Entwicklung des tatsächlichen Wertproduktes bzw. des neu geschaffenen Wertes ist beträchtlich geringer als in den Zahlen der Spalte „Produktion" unserer Tabelle zum Ausdruck kommt.

[5] Die berechneten Durchschnittswerte dürfen uns nicht über die langen Arbeitszeiten in vielen Betrieben und Industriezweigen hinwegtäuschen. Wie alle „Durchschnitts"berechnungen sind auch die über die Wochenarbeitszeiten für ein gutes optisches Bild gegenüber der Öffentlichkeit zurechtgestutzt.

[6] Hier zeigt sich der entscheidende Fehler in den Berechnungen der bürgerlichen Statistik über die Entwicklung des Nettoproduktions*wertes*.

Berücksichtigt man also einerseits die Rolle der Steigerung der Arbeitsproduktivität sowie die Steigerung der Arbeitsintensität (soweit sie über den gesellschaftlichen Durchschnitt und das normale gesellschaftlich bestimmte Maß hinausgeht), dann erklärt sich die unterschiedliche Entwicklung zwischen dem Umfang der Lohnarbeit als Quelle und Substanz des neuproduzierten Wertes und des von der Bonner Statistik falsch berechneten „Nettoproduktionswertes".[7]

An der Erhöhung der Beschäftigtenzahl und der Entwicklung der Arbeiterstunden läßt sich die gewaltige Ausdehnung der Lohnarbeit, wie sie in Westdeutschland von 1950 bis 1960 erfolgte, erkennen. Allein mit dieser Entwicklung zeigt sich die gewaltige Vergrößerung der Ausbeutung, die Ausdehnung der Mehrwertproduktion. Sie ist unter Berücksichtigung der übermäßigen Steigerung der Arbeitsintensität, die genauso wie eine Verlängerung der Arbeitszeit wirkt, noch größer als in der Entwicklung der Arbeiterstunden zum Ausdruck kommt. Ferner ist in der Entwicklung der *Arbeiter*stunden nicht die Strukturveränderung der Industriearbeiterschaft, d. h. die bedeutend raschere Entwicklung der als technische Angestellte fungierenden Lohnarbeiter berücksichtigt. Aber auch ihre Lohnarbeit produziert Mehrwert. Jährlich konnte das Monopolkapital eine große und ansteigende Mehrwertmasse aus der wachsenden Zahl der Industriearbeiter herauspressen, wobei noch bis 1955 eine Verlängerung des Arbeitstages zu beobachten war. Noch bedeutend rascher vergrößerte sich aber das von den Industriearbeitern geschaffene Mehr*produkt*, dessen Entwicklung ungefähr aus der Veränderung der Produktion deutlich wird.

### 2. *Zur Entwicklung der Mehrwertrate in der Industrie*

Mit der Ausdehnung der Lohnarbeit haben wir nur einen Hauptprozeß bei der Vergrößerung der Mehrwertproduktion und damit der Ausbeutung der Arbeiterklasse erfaßt. Bei einer *gegebenen* Mehrwertrate hat sich mit der Ausdehnung der Lohnarbeit, wie sie in Westdeutschland bisher erfolgte, im entsprechenden Verhältnis die Mehrwertproduktion vergrößert.

In dem Maße wie der von den Lohnarbeitern produzierte Neuwert zunahm, wuchs auch der Mehrwert als entscheidender Bestandteil des neu produzierten Wertes. Und wir haben gesehen, daß der stoffliche Reichtum auf Grund der Steigerung der Produktivkraft der Arbeit sogar noch schneller wuchs. Auch hier liegt die Lohnarbeit, allerdings in ihrem Charakter als konkrete, als produktive Arbeit, zugrunde. Sie gehört auch in dieser Eigenschaft dem Kapital und ist diesem einverleibt wie der Arbeitsprozeß überhaupt dem Verwertungsprozeß untergeordnet ist.

Mit der Steigerung der Produktivkraft der Arbeit wächst unter kapitalistischen Eigentumsverhältnissen die Ausbeutung der Arbeitskraft, vergrößert sich die in der Lohnarbeit gegebene Mehrarbeit auf Kosten der notwendigen Arbeit. MARX hat die mit der Steigerung der Arbeitsproduktivität verbundene Ausdehnung der Mehrwertproduktion grundlegend analysiert.

[7] Dabei gehen wir von der Voraussetzung aus, daß der tatsächliche Nettoproduktionswert exakt ermittelt und von den verschiedensten Umverteilungsprozessen bereinigt ist. Diese Berechnungen sind äußerst schwierig und kompliziert.

Die Produktion von relativem Mehrwert hat bei der Ausdehnung der Mehrwertproduktion während der gesamten kapitalistischen Entwicklung eine entscheidende Bedeutung. Sie ist die wichtigste Methode zur Erhöhung der Mehrwertrate. Die Steigerung der Arbeitsproduktivität in Westdeutschland ist eine offensichtliche Tatsache. An ihr können wir nicht vorbeigehen, wenn wir die Entwicklung der Ausbeutung behandeln.

Die Erhöhung der Mehrwertrate ergibt sich aber auch durch eine *absolute* Verlängerung der Mehrarbeit über eine gegebene notwendige Arbeit des Lohnarbeiters. Diese absolute Verlängerung der Mehrarbeit haben wir schon bei der Behandlung der Ausdehnung der Lohnarbeit in Westdeutschland erwähnt. Bereits damit hat sich die Mehrwertrate in Westdeutschland vergrößert, ohne daß wir diese Tatsache bei dem Wachstum der Mehrarbeit als gegebenen Bestandteil der Lohnarbeit besonders berücksichtigt haben.

Bei der praktischen Untersuchung ist es sehr schwierig, die *Wirkung* beider Methoden auf die Erhöhung der Ausbeutungsrate im einzelnen zu erfassen. Sie wirken zusammen und sind miteinander eng verbunden.

Die Steigerung der Arbeitsproduktivität hat zwangsläufig zur Entwertung der Ware Arbeitskraft geführt. Sinkt aber der Wert der Arbeitskraft, so sinkt damit die notwendige Arbeitszeit innerhalb eines Arbeitstages, die Mehrarbeit dagegen nimmt zu.

Ferner muß die wachsende Einbeziehung der Frauen der Arbeiterfamilien berücksichtigt werden. Dadurch verteilt sich der Wert der Arbeitskraft faktisch fast auf zwei Personen der Arbeiterfamilien. Mann und Frau stehen so im Dienst des Kapitals, verausgaben ihre Arbeitskraft, produzieren Mehrwert, um die Familie zu unterhalten.

Hinzu kommt die niedrigere Bezahlung der Frauenarbeit gegenüber der Arbeit der Männer in Westdeutschland, worin sich eine wesentliche Seite der nicht gleichberechtigten Stellung der Frau zeigt. Wir haben gesehen, daß der Anteil der Frauenarbeit absolut und relativ stark gestiegen ist. Auch dieser Prozeß muß gesetzmäßig die Mehrwertrate erhöht haben.

Nach all den erwähnten Faktoren wäre eine bedeutende Steigerung der Mehrwertrate in Westdeutschland von 1950 bis 1960 zu vermuten. Die erhebliche Zunahme der Arbeitsproduktivität und der Frauenarbeit, die mit der Produktion von relativem Mehrwert verbunden sind, sowie die Erhöhung der Arbeitsintensität über das normale Maß, die vor allem einer Produktion von absolutem Mehrwert gleichkommt, sprechen für eine ziemlich starke Erhöhung des Ausbeutungsgrades der Arbeiterklasse in Westdeutschland.

Wie hat sich nun die Ausbeutungsrate tatsächlich in Westdeutschland von 1950 bis 1960 entwickelt?[8]

In der folgenden Tabelle wird die sich hieraus ergebende Mehrwertrate dargestellt. Dabei wurden die beiden ihr zugrunde liegenden und im wechsel-

[8] Bekanntlich stößt eine exakte Ermittlung der Mehrwertrate auf viele Schwierigkeiten, die hier nicht weiter erwähnt werden sollen. Auch im Rahmen dieser Arbeit wurde der Versuch gemacht, die Ausbeutungsrate der Lohnarbeiter in der westdeutschen Industrie ungefähr zu ermitteln und ihre Entwicklung zu erfassen. Der Verfasser verzichtet hier auf eine Auseinandersetzung mit allen früheren Berechnungen, die von marxistischen Ökonomen erfolgten. Diese Berechnungen haben zum Teil erhebliche Mängel.

*Tabelle 2*

Der in einem Großteil der westdeutschen Industrie produzierte Mehrwert

(ermittelt für eine Berechnung der Ausbeutungsrate der westdeutschen Industriearbeiter)

— in Mrd. DM —

| Ökonomische Größen, die bei der Ermittlung berücksichtigt wurden | 1950 | 1954 | 1957 | 1960 |
|---|---|---|---|---|
| 1. Umsatz der Industrie | 80,4 | 141,0 | 205,0 | 260,0 |
| 2. Veränderung der Lagerbestände an fertigen und halbfertigen Produkten | 0,6 | 1,0 | 2,0 | 3,0 |
| 3. Produktion für Eigenverbrauch der Betriebe | 2,0 | 3,0 | 4,0 | 5,0 |
| 4. *Gesamte Produktion (1, 2* und *3 zusammen)* | *83,0* | *145,0* | *211,0* | *268,0* |
| 5. Mehrwert, der in der Industrie produziert, aber vom Handel und Bankwesen realisiert wird | 6,5 | 10,0 | 15,0 | 22,0 |
| 6. *Produktenwert der Industrie* $(c + v + m) =$ *(4 plus 5)* | *89,5* | *155,0* | *226,0* | *290,0* |
| 7. Übertragener Wert des konstanten Kapitals der Industrie (c) | 44,0 | 79,5 | 118,0 | 154,0 |
| 8. *Produzierter „Neuwert" der Industrie* $(v + m) =$ *(6 minus 7)* | *45,5* | *75,5* | *108,0* | *136,0* |
| 9. Bruttolohn (-gehalt) | | | | |
| a) der Industriearbeiter | 11,8 | 19,5 | 27,4 | 34,7 |
| b) der produktiv arbeitenden Angestellten in der Industrie | 0,8 | 1,5 | 2,1 | 3,0 |
| 10. Direkte Steuern und Sozialversicherungsbeiträge | 1,6 | 2,9 | 4,2 | 6,0 |
| 11. Nettolohn *der produktiv Beschäftigten (9 minus 10)* | *11,0* | *18,1* | *25,3* | *31,7* |
| 12. Indirekte Steuern | 2,3 | 4,6 | 6,2 | 7,6 |
| 13. Nettolohn *abzügl. indirekte Steuern (11 minus 12)* | *8,7* | *13,5* | *19,1* | *24,1* |
| 14. *Produzierter Mehrwert in der Industrie (8 minus 13)* | *36,8* | *62,0* | *88,9* | *111,9* |

Anmerkungen zur Tabelle

Hier wird nur ein bestimmter, wenn auch der wesentliche Teil der Industrie erfaßt. Nur Betriebe mit 10 und mehr Beschäftigten, ohne Energiewirtschaft und Bauindustrie, ohne „Handwerk", welches in Wirklichkeit zum erheblichen Teil in Westdeutschland ökonomisch kapitalistische Industrie darstellt. Bei einem Teil der Angaben handelt es sich um vorsichtige Schätzungen, die auf Grund näherer Untersuchungen nochmals überprüft werden müßten.

Zu den einzelnen Positionen folgende Hinweise:

*Pos. 1*: Nach den Angaben des „St. J. BRD" 1956, S. 191; 1958, S. 441. In den Jahren nach 1957 ist der Umsatz zwischen sogenannten „Organschaftsunternehmen" nicht mehr enthalten. Der Umsatz in diesen Jahren wurde deshalb etwas höher bei unseren Berechnungen bewertet, als er offiziell von der bürgerlichen Statistik ausgewiesen wird. Im Umsatz ist die Handelsware enthalten.

*Pos. 2*: Geschätzte Zahlen (wobei die Angaben im „St. J. BRD" 1958, S. 200f. mit als Ausgangspunkt benutzt wurden. Die hier für 1954 von der bürgerlichen Statistik berechneten Veränderungen berücksichtigen nicht den vollen Wert der halbfertigen und fertigen Erzeugnisse.) Die eingesetzten Zahlenwerte müßten noch exakter ermittelt werden. – Die Vorratsveränderungen wurden nicht berücksichtigt. Sie sind im Rahmen der ganzen Industrie bereits im Umsatz enthalten.

*Pos. 3*: Es handelt sich um *die* Produktion, deren Produkte im eigenen Unternehmen verbleiben, also nicht als Umsatz erscheinen. Geschätzt auf der Grundlage ihres Verhältnisses zur Warenproduktion, wonach auf 40 Mrd. DM Umsatz der Industrie etwa 1 Mrd. DM Produktion für den Eigenverbrauch anfallen. Das Verhältnis gestaltet sich natürlich sehr unterschiedlich in den verschiedenen Industriezweigen. Die Veränderung der Produktionsstruktur beeinflußt wesentlich die hier bestehenden durchschnittlichen Verhältnisse. Es handelt sich bei diesen Zahlen um sehr grobe Annäherungswerte, die in ihrer absoluten Größe genauer ermittelt werden müßten.

*Pos. 4*: Hierbei handelt es sich nicht um den tatsächlichen Produktionswert der Industrie.

*Pos. 5*: Geschätzte Zahlen – als gewisser Anteil vom sogenannten „Bruttosozialprodukt" des Handels, der Banken und Versicherungen ermittelt. Dieses „Bruttosozialprodukt" betrug nach den Angaben der Bonner Statistik nach jeweiligen Preisen: 1950 = 15,4 Mrd. DM; 1954 = 25,2 Mrd. DM; 1957 = 34,5 Mrd. DM und bereits 1959 = 42,5 Mrd. DM. („Wi. Sta." 1961, Heft 1, S. 62) Vergleiche hierzu auch Berechnungen von EVA MÜLLER, Zur materiellen Lage der Industriearbeiter Westdeutschlands. Berlin 1957, S. 140ff. – In dieser Position ist nicht nur der vom Handel realisierte Mehrwert zu sehen. Der in den Warenbestandsveränderungen des Handels enthaltene, noch nicht realisierte Mehrwert, soweit es sich um Produkte der Industrie handelt, ist ebenfalls zu berücksichtigen. Da EVA MÜLLER bei ihren Berechnungen vom Einkommen ausgeht, berücksichtigt sie diesen Teil des Mehrwertes nicht. Dieser Mangel gilt gleichfalls für das von ihr erfaßte Einkommen der Industriekapitalisten, wo ebenfalls für die Ermittlung des Mehrwertes faktisch nur das mit dem Umsatz realisierte, aber nicht das gesamte produzierte Einkommen erfaßt wird.

*Pos. 6*: Es handelt sich hierbei natürlich um den Wert*ausdruck* der Industrieproduktion des hier erfaßten Bereichs der Industrie. Dieser beinhaltet Preissteigerungen und die allgemeinen Veränderungen des Geldausdruckes der Waren. Die reale Entwicklung des Wertes wird also bei einem Vergleich der hier erwähnten Jahre verfälscht. Für unsere Berechnung ist das aber von untergeordneter Bedeutung, da alle hier erfaßten Größen in ihrem Verhältnis zueinander untersucht werden.

*Pos. 7*: Ermittelt als Anteil an der Position 4 – gesamte Produktion – auf der Grundlage der von der bürgerlichen Statistik ermittelten Quote für den Materialverbrauch. Vgl. „St. J. BRD" 1957, S. 239; 1958, S. 200f. – Hiernach ergibt sich unter Einbeziehung der Wertabgabe des fixen konstanten Kapitals ein Prozentsatz von etwa 53 Prozent 1950, 55 Prozent 1954, 56 Prozent 1957 und 57,5 Prozent 1960. Damit zeigt sich etwa die Erhöhung der organischen Zusammensetzung des Kapitals für die gesamte Industrie. Sie entwickelte sich in den verschiedenen Zweigen im unterschiedlichen Tempo. Die Quote für das übertragene fixe Kapital wurde dabei 1950 auf rund 2 Prozent als Anteil am „Bruttoproduktionswert" geschätzt. Die Differenz zwischen den hier angegebenen absoluten Zahlen und denen im „St. J. BRD" über den Materialverbrauch hängt mit der Berücksichtigung der Wertübertragung des konstanten fixen Kapitals einerseits und andererseits mit dem in unserer Tabelle enger begrenzten Bereich der Industrie zusammen. Außerdem ist in unserer Bezugsgröße die Produktion für den Eigenverbrauch der Betriebe enthalten. Das berücksichtigt die bürgerliche Berechnung der sogenannten „Nettoquote" ebenfalls nicht. Deshalb wurde auch in dieser Richtung die Quote etwas vermindert. Die *Bezugsgröße* des Materialverbrauchs ist hier ein größerer „Bruttoproduktionswert".

*Pos. 8*: Es handelt sich hier um eine Annäherungsgröße, in der auch der Wert enthalten ist, den sich das industrielle Kapital im nichtäquivalenten Austausch

(z. B. mit der Landwirtschaft) aneignet. Im Hinblick auf die Einschätzung der Entwicklung der „Neuwertproduktion" sind die Bemerkungen zur Pos. 6 dieser Tabelle zu beachten.

*Pos. 9*: Nach den Angaben des „St. J. BRD" 1961, S. 218. Bei dem Bruttolohn der produktiv arbeitenden Angestellten in der Industrie wurde jeweils eine Summe von ¼ des Bruttogehalts der Angestellten in der Industrie berücksichtigt. Dieser Prozentsatz geht davon aus, daß die Zusammensetzung der Angestellten in Industrie und Handwerk etwa wie folgt in Westdeutschland ist: Rund 60 Prozent kaufmännische Angestellte, 25 Prozent technische Angestellte und 15 Prozent Meister. Vgl. WWI-Mitteilungen, Köln 1959, Heft 6, S. 152. — Dabei ist zu beachten, daß mit den 40 Prozent technischer Angestellter und Meister nicht 40 Prozent der Arbeit aller Angestellten produktiv ist. Dieser Anteil ist geringer. Aber auch hierzu sind noch nähere Untersuchungen erforderlich.

*Pos. 10*: Der Anteil der direkten Steuern und „Sozialversicherungsbeiträge" einschließlich des sogenannten „Notopfers" für Berlin aus Bruttolohn und Gehalt aller beschäftigten Arbeiter und Angestellten betrug: 1950 = 12,6 Prozent; 1954 = 14 Prozent; 1957 = 14,2 Prozent; 1960 = 15,9 Prozent. Siehe „Wi. Sta." 1961, Heft 1, S. 64. — Entsprechend dieser Anteile wurden die Summen des direkten Abzuges vom Bruttolohn für die Industriearbeiter ermittelt.

*Pos. 11*: Bruttolohn abzüglich der direkten Steuern und Beiträge für sogenannte soziale Einrichtungen.

*Pos. 12*: Hier handelt es sich um einen indirekten Abzug vom Arbeitslohn. Diese Summen gelangen gleichfalls, wie die direkten Steuern und ein beträchtlicher Teil der Sozialversicherungsbeiträge, in die Hand des Monopolkapitals. Berechnet nach der Methode, wie sie von Evm Müller bei der Ermittlung der von den Industriearbeitern gezahlten indirekten Steuern angewandt wurde (Eva Müller, a. a. O., S. 138). Dabei wurden folgende Größen zugrunde gelegt (vgl. „Wi. Sta." 1961, Heft 1, S. 64):

| | 1950 | 1954 | 1957 | 1960 |
|---|---|---|---|---|
| 1. sog. Privatverbrauch in Mrd. DM | 62,5 | 92,8 | 125,6 | 158,0 |
| 2. Anteil des Nettoeinkommens der Industriearbeiter (vgl. Pos. 11 am gesamten Privatverbrauch) in Prozent | 17,6 | 20,0 | 20,0 | 20,1 |
| 3. Gesamtsumme der indirekten Steuern in Mrd. DM | 13,1 | 23,2 | 30,9 | 37,5 |
| 4. Von Industriearbeitern gezahlte indirekte Steuern (auf Grund des obigen Anteils am Privatverbrauch) in Mrd. DM | 2,3 | 4,6 | 6,2 | 7,6 |

*Pos. 13*: Hiermit kommen wir *dem* Teil des Neuwertes, der sich in wirkliches Einkommen für die Industriearbeiter verwandelt, schon wesentlich näher. Aber auch von diesem Nettolohn verliert der Arbeiter noch weitere beträchtliche Teile im Umverteilungsprozeß. Der hier ermittelte Lohn eignet sich am besten für die Erfassung der Mehrwertrate. Hier sind die entscheidenden Umverteilungsprozesse zugunsten des Monopolkapitals berücksichtigt. — Wir haben es aber hier nicht mit dem Reallohn der Industriearbeiter zu tun.

*Pos. 14*: Als Differenz zum berechneten Neuwert in Pos. 8 ermittelt. In diesen Summen sind auch Wertbestandteile enthalten, die nicht in der Industrie, sondern im Handwerk und in der Landwirtschaft erzeugt wurden. Über niedrige Einkaufspreise und hohe Verkaufspreise der Monopole wurden damit Werte in der Industrie realisiert, die in anderen Bereichen der materiellen Produktion erzeugt wurden. Ebenso ist der nichtäquivalente Austausch im Außenhandel, an dem ja gerade die

Industrie überwiegend beteiligt ist, nicht berücksichtigt. Die hier angegebenen Summen sind grobe Annäherungswerte, die bei der Berechnung der Ausbeutungsrate der Lohnarbeiter in der Industrie zugrunde gelegt wurden.

seitigen Verhältnis zueinander stehenden Größen — variables Kapital und Mehrwert — in drei verschiedenen Varianten berechnet, was meiner Meinung nach für die Aufdeckung des spezifischen Charakters der Ausbeutung im staatsmonopolistischen Kapitalismus von Bedeutung ist. Bekanntlich wird durch verschiedene Umverteilungsprozesse über den imperialistischen Staat die Ausbeutung der Lohnarbeiter verstärkt. Es erfolgt eine starke Umverteilung des produzierten Neuwertes zugunsten des monopolkapitalistischen Staates, und die Monopolbourgeoisie ist im wesentlichen der Nutznießer dieser Umverteilung, die in ihrem gesamten Ausmaß allerdings nicht in der folgenden Tabelle sichtbar werden kann.

*Tabelle 3*

Die Ausbeutungsrate der Lohnarbeiter in der westdeutschen Industrie[9]

| Jahr | Neuwert nach jeweiligen Preisen[10] Mrd. DM | Verhältnis Mehrwert zum variaben Kapital = Mehrwertrate (m:v = m') | | |
|---|---|---|---|---|
| | | A<br>Mrd. DM[10] m' in % | B<br>Mrd. DM[10] m' in % | C<br>Mrd. DM[10] m' in % |
| 1950 | 45,5 | $\frac{32{,}9}{12{,}6} = 261$ | $\frac{34{,}5}{11{,}0} = 310$ | $\frac{36{,}8}{8{,}7} = 422$ |
| 1954 | 75,5 | $\frac{54{,}5}{21{,}0} = 260$ | $\frac{57{,}4}{18{,}1} = 317$ | $\frac{62{,}0}{13{,}5} = 460$ |
| 1957 | 108,0 | $\frac{78{,}5}{29{,}5} = 265$ | $\frac{82{,}7}{25{,}3} = 328$ | $\frac{88{,}9}{19{,}1} = 465$ |
| 1960 | 136,0 | $\frac{98{,}3}{37{,}7} = 261$ | $\frac{104{,}3}{31{,}7} = 330$ | $\frac{111{,}9}{24{,}1} = 462$ |

[9] Auf Grund eigener Berechnungen und Schätzungen nach den offiziellen Angaben der Bonner Statistik. Mit den hier vermerkten Zahlen ist nicht die gesamte Industrie erfaßt. — Die Mehrwertraten in den Spalten A, B und C ergeben sich wie folgt:

A = Hier wurde der Bruttolohn der produktiv tätigen Lohnarbeiter als Größe für das variable Kapital zugrunde gelegt. Die Differenz zwischen Bruttolohn und Neuwert wurde als Mehrwert betrachtet.

B = Hier wurde der Nettolohn als Größe für das variable Kapital zugrunde gelegt. Die Differenz zwischen Nettolohn und Neuwert wurde als Mehrwert betrachtet.

C = Diese Ausbeutungsrate kommt dem tatsächlichen Ausbeutungsgrad am nächsten. Hier wurde der Nettolohn abzüglich der indirekt von diesem Lohn gezahlten Steuern zugrunde gelegt. Die Differenz zum Neuwert wurde auch hier als Mehrwert betrachtet.

[10] Die hier ermittelten absoluten „Wertgrößen" enthalten Veränderungen des Geldausdrucks des Wertes der Waren, sind also bei der Einschätzung der Entwicklung des Wertes seit 1950 nur beschränkt aussagefähig. Die reale Ausdehnung des Wertes ist kleiner. Es kommt uns hier auf die Verhältnisse der Größen zueinander an und die hier vollzogene Entwicklung seit 1950. Diese absoluten Zahlen drücken aber andererseits sehr gut die Entwicklung des Mehr*produktes* und notwendigen Produktes annähernd aus. Aber auch hier muß man die Preissteigerungen berücksichtigen.

In der hier vorgenommenen Berechnung gehen wir von dem in der Industrie produzierten neuen Wert aus, wie er sich in laufenden Preisen darstellt. In der Ermittlung dieser Größe besteht praktisch die Hauptschwierigkeit bei der Berechnung der Mehrwertrate. Bei der Ermittlung des Neuwertes gehen wir von dem in der Industrie über den Umsatz realisierten gesamten Wert aus. Dieser wird durch jenen Warenwert ergänzt, der nicht umgesetzt wurde. Schließlich wird der im Handel und in den Banken realisierte Neuwert, soweit er in der Industrie produziert wurde, berücksichtigt. Von dem so ermittelten „Bruttoproduktionswert" der Industrie wurde dann der Neuwert durch Abzug des übertragenen Wertes des konstanten Kapitals in der Industrie ermittelt. In dieser Weise unterscheidet sich die hier erfaßte Berechnungsweise des Neuwertes von der, wie sie zum Beispiel Eva Müller vorgenommen hat.[11]

Die Analyse von Eva Müller und auch meine Untersuchungsergebnisse zeigen, daß die Mehrwertrate zu Anfang der Konjunkturperiode in Westdeutschland etwa bei 400 Prozent lag. Nach meinen Berechnungen betrug die Ausbeutungsrate der Lohnarbeiter in der Industrie 1950 rund 422 Prozent.[12] Bei einem Arbeitstag von 8 Stunden eines Industriearbeiters waren damit 6,4 Stunden Mehrarbeit, die er faktisch nicht bezahlt bekam, sondern die von der Bourgeoisie und dem Bonner Staat angeeignet wurden. In seinem 8stündigen Arbeitstag produzierte der Arbeiter also weit über 6 Stunden nicht für sich, sondern für die Kapitaleigentümer und ihren politischen Machtapparat. Dazu ist er durch die Lohnarbeit wie auch durch die politische Herrschaft des Monopolkapitals gezwungen.

Bis 1960 erhöhte sich die Mehrwertrate nach den vorgenommenen Berechnungen auf 462 Prozent. Das war eine zehnprozentige Steigerung gegenüber 1950. Die Entwicklung der Mehrwertrate vollzog sich auf Grund verschiedener Faktoren in den einzelnen Jahren ungleichmäßig und unterschiedlich. Darauf können wir aber nicht näher eingehen. Umfangreichere Untersuchungen wären hierzu noch notwendig.

Hervorzuheben ist, daß die Lohnarbeiter der *Industrie 1960* einen *größeren Teil* als *Mehrarbeit* leisten mußten als 1950. Die Mehrarbeit ist also noch schneller gewachsen als die dargestellte Ausdehnung der Lohnarbeit insgesamt zeigt und zwar als konkrete und wertschaffende Arbeit.

[11] Eva Müller, Zur materiellen Lage der Industriearbeiter Westdeutschlands. Berlin 1957, S. 131—147. — Die von Eva Müller geleistete konkrete Berechnung der Mehrwertrate war ein guter Beitrag für die Einschätzung der Lage der Arbeiterklasse in Westdeutschland, wenn es hier auch einige z. T. erhebliche Mängel gibt. Dieser Versuch war für die in der vorliegenden Arbeit erfolgte Berechnung eine wichtige Hilfe. Das gilt besonders für die Bewertung einiger Größen, die bei der Berechnung der Mehrwertrate zu berücksichtigen sind.

[12] Die hier unter A, B und C dargestellte Ausbeutungsrate berücksichtigt sowohl den Gesamtprozeß des Kapitals und hebt vor allem auch einige Umverteilungsprozesse, die im staatsmonopolistischen Kapitalismus ein immer größeres Ausmaß annehmen, hervor, ohne sie vollständig zu erfassen. Wenn in der Berechnung drei verschiedene Arten der Ausbeutungsraten dargestellt wurden, so bedeutet dies nicht, daß es für die Lohnarbeiter in der Industrie diese drei Ausbeutungsraten gibt. Der Ausbeutungsgrad ist natürlich nicht in dreifacher Weise gegeben. Er existiert einheitlich und wir stoßen auf ihn in der unter C aufgezeigten Mehrwertrate.

An dieser Stelle sind nun einige Bemerkungen zu den Mehrwertraten notwendig, wie sie von EVA MÜLLER berechnet wurden.

Im allgemeinen Niveau der Mehrwertraten gibt es Unterschiede, die sich auf Grund einer zum Teil unterschiedlichen Berechnungsweise ergeben. Die von EVA MÜLLER berechnete Mehrwertrate liegt niedriger.[13] Nach meiner Auffassung ist die von ihr berechnete Position „Einkommen der Industriekapitalisten" zu niedrig berechnet.

Die in der vorliegenden Arbeit angewandte Berechnungsweise geht von der Produktion und nicht von der Verteilung aus. So kommen wir der wichtigen Größe des Neuwertes näher als durch die Summierung der verschiedenen Einkommen, wie sie von der bürgerlichen Statistik berechnet werden.

Damit soll nicht gesagt sein, daß die Berechnung in dieser Arbeit den Anspruch auf Vollständigkeit erhebt. Sie ist einfacher und bietet einen besseren Ausgangspunkt, die Berechnung des Ausbeutungsgrades noch exakter durchzuführen. Das gilt insbesondere für die besondere Berücksichtigung der verschiedenen Quellen des Mehrwertes. Dabei spielt die Ausbeutung der einfachen Warenproduzenten und fremder Völker eine spezifische Rolle (nichtäquivalenter Austausch). Die hier berechnete Mehrwertrate schließt diese Prozesse prinzipiell ein. Unter Ausschluß dieser Quellen würde die Ausbeutungsrate für die Lohnarbeiter etwas niedriger liegen.

Ein weiterer Unterschied ist in bezug auf das Entwicklungstempo der Mehrwertrate festzustellen. Der von EVA MÜLLER ermittelte Sprung der Mehrwertrate von 340 Prozent 1950 auf 391 Prozent 1951 ist meiner Auffassung nach unreal. Dieser Sprung ergibt sich, wenn man die Berechnung bei EVA MÜLLER im einzelnen verfolgt, aus einem „Sprung" des sogenannten „Einkommens der Industriekapitalisten" von 12,4 Mrd. DM auf 18,9 Mrd. DM, d. h. um 53 Prozent in einem Jahr. (Hier wird auch deutlich, daß diese Position in der Berechnungsweise bei EVA MÜLLER mit der schwächste Punkt ist.) Die Zahl der geleisteten Lohnarbeiterstunden erhöhte sich aber nur um knapp 11 Prozent. Damit liegt die Substanz des Mehrwertes — vergegenständlichte abstrakte Arbeit — in ihrer Entwicklung weit unter dem hier berechneten Sprung im Einkommen. Auch der Lohn der Arbeiter wuchs sowohl nominal als auch real in starkem Maß. Auch hier ist demzufolge kein *solcher* Sprung zuungunsten der Arbeiterklasse erfolgt. Im Gegenteil! Die Lohnerhöhung des Jahres 1951 war mit die stärkste in der ganzen Entwicklung, wie EVA MÜLLER selbst hervorhebt. Die Preisveränderungen in diesem Jahr zeigen ebenfalls nicht eine solche Erhöhung, auch wenn sie beträchtlich waren. Schließlich blieb auch der Zuwachs der Produktion mit 19 Prozent weit hinter der berechneten Einkommensveränderung zurück.

Die von EVA MÜLLER gegebene Begründung[14] für die „sprunghafte" Erhöhung der Mehrwertrate geht an diesen entgegenstehenden Fakten vorbei.

[13] EVA MÜLLER, a. a. O., S. 145. — Hier wurde eine Mehrwertrate von 340 Prozent für 1950 und 391 Prozent für 1951 ermittelt. In den folgenden Jahren (bis 1955) erfolgte dann nach diesen Berechnungen keine wesentliche Veränderung der Mehrwertrate mehr:
1952 = 402,8 Prozent; 1953 = 400,2 Prozent;
1954 = 394,7 Prozent; 1955 = 390,5 Prozent.

[14] EVA MÜLLER, a. a. O., S. 146.

Zweifellos war der Koreakrieg, der als Begründung herangezogen wird, ein großes Geschäft auch für das deutsche Monopolkapital. Das genannte Wachstum der Produktion im Jahre 1951 gegenüber 1950 war ein fettes Jahr für die Monopolbourgeoisie. Der Koreakrieg erklärt aber nicht den Sprung, weil es einen solchen um 53 Prozent real nicht gegeben hat. Hier liegt vielmehr ein Sprung in den Berechnungen und Schätzungen des Einkommens vor. Das ,,Einkommen der Industriekapitalisten" ist nicht nur allgemein, sondern besonders für 1950 zu niedrig berechnet. — Das Sinken der Mehrwertrate seit 1952 scheint mir unreal. Nach meiner Auffassung setzte sich gerade in diesen Jahren (insbesondere 1953 und 1954) die Erhöhung der Mehrwertrate durch. Dafür spricht vor allem die nur sehr geringe Erhöhung des Verdienstes der Arbeiter in diesen Jahren gegenüber anderen Jahren.[15]

Ein wesentlicher Mangel in der Berechnung der Mehrwertrate bei Eva Müller besteht außerdem darin, daß in diesen Berechnungen die Verschärfung des Ausbeutungsgrades durch das Monopolkapital nicht besonders herausgearbeitet wird. Das verwischt den Tatbestand der verschärften Ausbeutung der Lohnarbeiter in der Industrie durch den stärker werdenden staatsmonopolistischen Kapitalismus in Westdeutschland.

Dieser Mangel gilt für bisherige Berechnungen der Mehrwertrate allgemein. Damit wurde eine wesentliche Besonderheit der gegenwärtigen kapitalistischen Produktionsverhältnisse in Westdeutschland verwischt. Die Ausbeutung erschien als Ausbeutung durch die Bourgeoisie schlechthin. Tatsache ist aber, daß von dieser verschärften Ausbeutung die Kapitalistenklasse nicht schlechthin, sondern fast ausschließlich und in verschiedenster Weise das Monopolkapital profitierte.

Hierbei spielt auch der kapitalistische Staat eine wichtige Rolle. Das Monopolkapital ist in Westdeutschland eng mit dem Bonner Staat verschmolzen und benutzt diesen in wachsendem Maße für die verschärfte Ausbeutung der Arbeiterklasse und der übrigen Werktätigen. Man kann also an dieser wichtigen Seite der Ausbeutung unter den gegenwärtigen Bedingungen in Westdeutschland nicht vorbeigehen.

Es ist nun aber die Frage zu stellen: Warum hat sich die Mehrwertrate nicht stärker verändert, bzw. warum ist sie von 1950 bis 1960 nicht schneller gestiegen? Es gab doch eine wesentliche Steigerung der Arbeitsproduktivität, Arbeitsintensität und der Frauenarbeit in der gleichen Zeit. Auf Grund dieser Prozesse hätte man eine wesentliche Steigerung der Ausbeutungsrate vermuten können.

Zur Lösung dieses Problems kommen wir, wenn wir noch etwas näher auf die 1950 gegebene Mehrwertrate eingehen. Bereits in diesem Jahr hatte die Mehrwertrate ein hohes Niveau, während die Arbeitsproduktivität und Arbeitsintensität sowie der Umfang der Frauenarbeit weit *unter* dem Stand von 1960 lagen. Wodurch wurde also das hohe Niveau der Ausbeutungsrate in Westdeutschland 1950 mit bestimmt?

Die 1950 gegebene Ausbeutungsrate der Arbeiterklasse war wesentlich durch eine Bezahlung der Arbeitskraft beeinflußt, die weit unter deren Wert lag. Es ist bekannt, daß die Arbeiter im Krieg und in den unmittelbaren Nachkriegs-

[15] Siehe Seite 257.

jahren faktisch für einen Hungerlohn arbeiten mußten. Das Monopolkapital konnte diesen Vorteil übernehmen und für längere Zeit zum wesentlichen Teil erhalten.

Dem Monopolkapital standen nicht nur viele, sondern auch billige Arbeitskräfte zur Verfügung. Faschismus und Krieg, Hunger und Elend hatten den Preis der Arbeitskraft weit unter den Wert der Arbeitskraft gedrückt, und das raubgierige deutsche Monopolkapital verstand es, mit Hilfe der rechten Gewerkschaftsführer, diesen Vorteil so lange wie möglich auszukosten. Auf dieser Grundlage erzielte das Monopolkapital schon zu Anfang des Aufschwunges diese besonders hohen Mehrwertraten, die eine wesentliche Grundlage für die rasche Akkumulation des Kapitals in Westdeutschland nach 1950 bildeten.

Der Arbeiterklasse in Westdeutschland gelang es aber nun im Verlauf der ganzen vergangenen Jahre, die Anfang der fünfziger Jahre noch bestehende tiefe Kluft zwischen Preis und Wert der Arbeitskraft entscheidend zu verringern. Das war ein langwieriger und zäher Kampf, der nicht zuletzt deshalb erfolgreich geführt werden konnte, weil in der DDR der Sozialismus immer mächtiger wurde.

Es gab also in Westdeutschland neben einem hohen Stand der Produktivkraft Arbeit 1950 als Ergebnis einer langen historischen Entwicklung der Produktion gleichzeitig im Zusammenhang mit dem durch Faschismus und Krieg erzwungenen Lohnabbau einen äußerst niedrigen Stand im ,,Preis der Arbeitskraft. Ohne diesen wäre damals die Mehrwertrate beträchtlich geringer gewesen.

In den folgenden Jahren waren nun in Westdeutschland bei der Entwicklung des Ausbeutungsgrades vor allem die zwei folgenden *gegeneinander wirkenden* Tendenzen zu beobachten:

Die eine Tendenz ist verbunden mit den *grundlegenden*, wesentlichen Faktoren des Ausbeutungsgrades: der Steigerung der Arbeitsproduktivität und Arbeitsintensität sowie der Ausdehnung der Frauenarbeit. Diese Faktoren führen gesetzmäßig zu einer Erhöhung des Ausbeutungsgrades. Sie waren in sehr starkem Maße in Westdeutschland seit 1950 wirksam.

Die zweite wichtige, entgegenwirkende Tendenz bestand in der Erhöhung des Preises der Arbeitskraft, genauer gesagt, in der wesentlichen Beseitigung der noch 1950 bestehenden tiefen Kluft zwischen Wert und Preis der Arbeitskraft, im Verlauf einer langen Entwicklung seit dieser Zeit.[16]

Selbst bürgerliche Ökonomen müssen zugeben, daß die Arbeitskraft in Westdeutschland für das Kapital in den ersten Jahren der Nachkriegskonjunktur besonders billig war. Sie sagen selbst, daß eine wesentliche Grundlage für die

[16] Diese zwei Tendenzen gelten allgemein im Kapitalismus. Sie hängen eng mit der zyklischen Entwicklung des Kapitalismus zusammen. Die Entwicklung der Mehrwertrate zeigt ebenfalls eine zyklische und ungleichmäßige Entwicklung, weil sich sowohl die Arbeitsproduktivität als auch besonders der Preis der Arbeitskraft ungleichmäßig im Zyklus entwickeln. — Bei der exakten Einschätzung der zweiten Tendenz muß man natürlich die Bewegung des *Wertes* der Arbeitskraft selbst in Betracht ziehen, um über die in jüngster Zeit noch bestehende Kluft etwas auszusagen. Hiervon soll aber abgesehen werden. Nach meiner Meinung gab es keine Erhöhung des Wertes der Arbeitskraft, wenn auch der Reallohn erheblich gestiegen ist. Aber das ist eine andere Sache.

gewaltige Akkumulation des Kapitals in Westdeutschland, für die Konkurrenzkraft des deutschen Monopolkapitals auf dem kapitalistischen Weltmarkt in dem relativ niedrigen Lohnniveau der westdeutschen Arbeiter gegenüber den amerikanischen, englischen und französischen Arbeitern zu sehen war.

So schrieb der amerikanische Ökonom H. C. WALLICH, daß die „Beschränkung der Arbeitnehmerschaft" (gemeint ist das niedrige Lohnniveau, W. A.) bei der „Gestaltung und Erhaltung der Wettbewerbsfähigkeit" Westdeutschlands mitgeholfen habe. Im Zusammenhang mit diesem offenen Eingeständnis der „Beschränkung der Arbeitnehmerschaft", wie dieser Ökonom den Lohndruck und die damit verbundene zusätzliche Ausbeutung der Arbeiterklasse nennt, lobt er gleichzeitig die rechte Führung des DGB wegen ihres „loyalen" Verhaltens. WALLICH stellt fest, „daß sich ihre zurückhaltende und wenig aggressive Politik . . . als ein unbestreibarerVorteil" (für das Monopolkapital, W. A.) erwiesen hat, und „. . . ohne die Zurückhaltung der Gewerkschaften" solch hohe Investitionsraten, wie sie vom Monopolkapital erzielt wurden, „nicht möglich gewesen wären". „Die Arbeitnehmerschaft (die Sozialpartnerschaft der rechten SPD- und Gewerkschaftsführer, W. A.) hat in der Tat den Unternehmern zur Akkumulation eines großen Vermögens mit außerordentlicher Geschwindigkeit verholfen."[17]

Deutlicher gesagt: Der Ausbeutungsgrad der Arbeiter in Westdeutschland war in der Vergangenheit besonders groß, weil der Preis der Arbeitskraft für das Monopolkapital besonders günstig war. Damit vollendete das deutsche Monopolkapital seinen im Kriege begonnenen Raubzug gegenüber der Arbeiterklasse. An der Oberfläche erscheint dieser Raubzug allerdings im umgekehrten Verhältnis zur erfolgten Erhöhung des Lohnniveaus, und wenige machen sich Gedanken darüber, was diese Lohnentwicklung in ihrem Wesen beinhaltet. Betrachten wir deshalb zunächst das Ausmaß der Lohnerhöhung.

Der durchschnittliche Bruttowochenverdienst der Industriearbeiter erhöhte sich nach den offiziellen Angaben der bürgerlichen Statistik in Westdeutschland seit 1950 wie folgt:[18]

| | 1951 | 1952 | 1953 | 1954 | 1955 | 1956 | 1957 | 1958 | 1959 | 1960 |
|---|---|---|---|---|---|---|---|---|---|---|
| I | 114 | 123 | 129 | 134 | 143 | 155 | 162 | 170 | 178 | 194 |
| II | 14,0 | 7,9 | 4,9 | 3,9 | 6,7 | 8,4 | 4,5 | 5,0 | 4,7 | 9,0 |

In der Übersicht ist mit der Zeile I der Index angegeben (1950 = 100), in der Zeile II der jährlichen Zuwachs gegenüber dem Vorjahr (in Prozent).

Es gibt in Westdeutschland nicht wenige Vertreter des Monopolkapitals, die nun diese Lohnentwicklung zum Anlaß nehmen, um damit eine „soziale Marktwirtschaft" vorzutäuschen. Man tut so, als sei die Produktionsentwicklung den Werktätigen selbst zugute gekommen. Ja, solche Vertreter wie Erhard und andere benutzen in letzter Zeit u. a. diese Tatsache der Erhöhung des Lohnes der Arbeiter und Angestellten, um die Arbeiter von der Notwendigkeit des

[17] H. C. WALLICH, Triebkräfte des deutschen Wiederaufstieges. Frankfurt/Main 1955, S. 2 u. 4.

[18] Ermittelt aus den Angaben des „St. J. BRD" 1961, S. 497. Es handelt sich um den Durchschnitt von Männer- und Frauenlöhnen.

„Maßhaltens" zu überzeugen. Auch die rechten Führer der SPD und Gewerkschaft schlagen sich auf die Brust und prahlen mit dieser von der Arbeiterklasse durchgesetzten Lohnerhöhung, ohne den Arbeitern zu sagen, welcher Raubzug des deutschen Monopolkapitals schließlich in dieser Entwicklung verborgen ist.

Was steckt also in Wirklichkeit in dieser Lohnentwicklung?

*Erstens*: Diese Steigerung ist nicht in erster Linie von dem Gesichtspunkt aus zu beurteilen, daß sie zweifellos beträchtlich ist, auch wenn man sie auf die Reallohnsteigerung reduziert, die natürlich hinter dieser nominellen Steigerung erheblich zurückbleibt.[19] Mit dieser Entwicklung verbindet sich ohne Zweifel eine wesentliche Verbesserung der individuellen Konsumtion der Arbeiterklasse. Das aber ist nicht die ganze Wahrheit und drückt nicht das Wesentliche dieser Entwicklung aus.

Diese Lohnerhöhung macht erst einmal deutlich sichtbar, in welch großem Ausmaß der Preis der Arbeitskraft 1950 und in den folgenden Jahren unter dem Wert der Arbeitskraft lag. Selbst in den letzten Jahren lag trotz der erfolgten Lohnerhöhung der Preis der Arbeitskraft noch unter ihrem Wert. Das wird allein dadurch bestätigt, daß große Teile der Arbeiterklasse mit ihrem Lohn nicht einmal das Existenzminimum erreichen. Ferner wird von bürgerlicher Seite zugegeben, daß das Lohnniveau der westdeutschen Arbeiter bis in die letzten Jahre hinein noch immer erheblich unter dem ihrer Klassenbrüder in Frankreich, England und den USA lag.[20]

Die Lohnentwicklung macht somit noch einmal deutlich, in welch großem Ausmaß Faschismus, Krieg und die unmittelbaren Nachkriegsjahre den Preis der Arbeitskraft unter ihren Wert gedrückt hatten, so daß eine solche Steigerung des Lohnes notwendig war, wie sie aus den oben genannten Zahlen sichtbar wird. Betrachtet man die Lohnentwicklung seit 1948/49, so wird das Ausmaß der Bezahlung der Arbeitskraft unter ihren Wert in den Nachkriegsjahren noch krasser sichtbar.

Die lange Erhaltung dieses Zustandes war nur mit Hilfe des Verrates der rechten SPD- und Gewerkschaftsführer möglich. Sie waren es, die mit der demagogischen Theorie und Politik der „Anpassung des Lohnes an die Arbeitsproduktivität" die Monopolbourgeoisie bei der Aufrechterhaltung der hohen Mehrwertrate, wie sie schon 1950 gegeben war, faktisch unterstützten.

*Zweitens*: Die hier aufgezeigte Erhöhung des „Preises der Arbeit" beinhaltet die Mehrverausgabung von Arbeitskraft in einer Stunde sowie die Verlängerung des Arbeitstages von 1950 bis 1955. Das heißt, die seit 1950 erfolgte Lohnerhöhung ist zu einem wesentlichen Teil mit einer entsprechend größeren Arbeitsleistung und damit der Vergrößerung der Mehrarbeit verbunden.

Während dem Kapitalisten die mit der Mehrverausgabung von Arbeitskraft verbundene Lohnerhöhung nichts kostete, sondern im Gegenteil viel einbrachte,

[19] Der Reallohn vergrößerte sich von 1950 bis 1960 bekanntlich um annähernd 50 Prozent.

[20] Der westdeutsche bürgerliche Ökonom A. REITHINGER stellt z. B. fest: „Die deutsche Konsumquote (59%) liegt nicht nur wesentlich tiefer als die Konsumquote Großbritanniens (65%) oder Frankreichs (68%) oder aller übrigen OEEC-Länder ... sie wurde seit 1950 auch noch kontinuierlich von 64 auf 59% zurückgedrückt." „Zeitschrift für das gesamte Kreditwesen", Frankfurt/Main 1957, 10. Jahrg., Heft 21, S. 832.

bezahlte der Arbeiter diese Lohnerhöhung mit dem Raubbau an seiner Arbeitskraft, d. h. mit seiner Lebenssubstanz. Diese Tatsache spricht für eine Verschlechterung der Lage der Arbeiterklasse und ist von großer Bedeutung bei der Einschätzung der gesamten Lage der Arbeiterklasse in Westdeutschland.

Schon hiermit entpuppt sich der „soziale Aufstieg" der Arbeiter in Gestalt der erfolgten Lohnerhöhung als ein Abstieg in der Reproduktion der Arbeitskraft. Die vorzeitige Erschöpfung der Arbeits- und Lebenskraft, die Untergrabung und Vernichtung der Gesundheit bei großen Teilen der Arbeiter und Angestellten bringen diesen Abstieg für jeden Betroffenen und Nichtbetroffenen deutlich zum Ausdruck.

Viele Arbeiter waren faktisch im Zusammenhang mit der Bezahlung ihrer Arbeitskraft unter dem Wert gezwungen, immer mehr Arbeitskraft zu verausgaben, um „mehr zu verdienen".

Zwischen dem vom Faschismus hinterlassenen Erbe der Bezahlung der Arbeitskraft unter ihren Wert und der auf dieser Grundlage vom Monopolkapital erzwungenen Verlängerung des Arbeitstages sowie der Intensivierung der Arbeit besteht also ein enger Zusammenhang, den das Monopolkapital in Westdeutschland bei der Verschärfung der Ausbeutung reichlich ausnutzte.

Der Verrat der rechten SPD- und DGB-Führer in Westdeutschland in der Frage der langen Duldung der Bezahlung der Arbeitskraft unter ihrem Wert findet hier seine weitere unausbleibliche Konsequenz. Er findet seine Ergänzung und Fortsetzung im Opportunismus gegenüber den neuen Lohnformen (z. B. der analytischen Arbeitsplatzbewertung) des Monopolkapitals, die nicht zuletzt auf eine weitere Steigerung der Arbeitsintensität und damit eine Verschärfung der Ausbeutung der Arbeiterklasse gerichtet sind.

Für die maßlose Steigerung der Arbeitsintensität trifft zu, was MARX für die Verlängerung des Arbeitstages bereits betonte:

> „Das Kapital fragt nicht nach der *Lebensdauer der Arbeitskraft.* Was es interessiert ist einzig und allein das Maximum von Arbeitskraft, das in einem Arbeitstag flüssig gemacht werden kann. Es erreicht dies Ziel durch *Verkürzung der Dauer der Arbeitskraft,* wie ein habgieriger Landwirt gesteigerten Bodenertrag durch *Beraubung* der Bodenfruchtbarkeit erreicht.
> Die kapitalistische Produktion, die wesentlich Produktion von Mehrwert, Einsaugung von Mehrarbeit ist, produziert also mit der Verlängerung des Arbeitstages nicht nur die *Verkümmerung* der menschlichen Arbeitskraft, welche ihrer normalen moralischen und physischen Entwicklungs- und Betätigungsbedingungen beraubt wird. *Sie produziert die vorzeitige Erschöpfung und Abtötung der Arbeitskraft selbst.* Sie verlängert die *Produktionszeit* des Arbeiters während eines gegebenen Termins durch Verkürzung seiner *Lebenszeit.*"[21]

Der Monopolkapitalismus in Deutschland hat seit langem und in besonders krassem Ausmaß nicht nach der Lebensdauer des Menschen und seiner Arbeitskraft gefragt. Er hat in brutaler und maßloser Weise Gesundheit und Leben unseres Volkes wie anderer Völker in seinen Dienst gestellt und für seine Ziele geopfert.

[21] KARL MARX, Das Kapital. Berlin 1951, Bd. I, S. 276f.

Betrachtet man die gezeigte Entwicklung der Mehrwertrate, so kann man nun feststellen: Die Wirkung jener Faktoren, die den Ausbeutungsgrad steigern, wurde im starken Maße aufgehoben durch die von der Arbeiterklasse durchgesetzte Lohnerhöhung. Trotzdem erhöhte sich letztlich die Mehrwertrate im beträchtlichen Ausmaß. Dabei ist die Entwicklung in den einzelnen Jahren unterschiedlich, wie durch die jährlich unterschiedliche Steigerung der Bruttowochenverdienste einerseits und der Produktionsentwicklung andererseits ungefähr angedeutet wird.

Im Rahmen dieser Arbeit soll auf die Einschätzung dieser jährlichen Entwicklung verzichtet werden, obwohl zweifellos auch hierbei sehr interessante Erscheinungen auftauchen, deren nähere Untersuchung sich lohnt.[22]

Es kann abschließend festgestellt werden, daß sich mit der aufgezeigten Entwicklung des Kapitals in Westdeutschland der grundlegende Widerspruch der kapitalistischen Produktion enorm vertieft hat. Die im Verlauf der Aufschwungphase und zunehmenden Militarisierung erfolgte Verschärfung der Ausbeutung der Arbeiterklasse und übrigen Werktätigen soll nach den Plänen des aggressiven Monopolkapitals noch weiter vorangetrieben werden. Damit erhöht sich die Labilität des gesamten monopolkapitalistischen Systems in Westdeutschland, das seinem unvermeidlichen Untergang entgegensteuert. Aber das ist kein automatisches Ergebnis der Verschärfung der ökonomischen Widersprüche, die sich in der Periode von 1949/50 bis in die Gegenwart vertieft haben, und deren Lösung sich nicht im Selbstlauf vollzieht. Der geschlossene Kampf der Friedenskräfte in Westdeutschland unter Führung der Arbeiterklasse, insbesondere der Arbeiterschaft in den modernen Großbetrieben, vermag den „Teufelskreis" der monopolkapitalistischen Reproduktion zu durchbrechen. Dabei können sich heute diese Kräfte auf unsere immer mehr erstarkende Deutsche Demokratische Republik und deren mächtige Verbündete stützen.

[22] Von besonderer Bedeutung ist dabei die Entwicklung der Mehrwertrate in den letzten Jahren. Dabei sind jedoch noch exaktere Berechnungen der Mehrwertrate selbst notwendig, als dies in dieser Arbeit geschehen ist. Wir wollen deshalb die Bewegung der Mehrwertrate hier nicht weiter analysieren.

# Der gegenwärtige Wirtschaftszyklus und die erweiterte Reproduktion[1]

Y. Barel

Der gegenwärtige Wirtschaftszyklus weist gegenüber dem Zyklus des vormonopolistischen Kapitalismus Besonderheiten auf. In einer Anzahl von Ländern hat sich der Zyklus verkürzt und erstreckt sich im Durchschnitt auf eine Periode von drei oder vier Jahren. In diesen Ländern hat sich die Struktur des Zyklus — seine Teilung in die vier Phasen, der Krise, der Depression, der Wiederbelebung und des Aufschwungs — grundlegend verändert: Manchmal sind die Übergangsphasen (die Nachkrisendepression oder die Wiederbelebung) so kurz, daß der Zyklus fast als ein aus zwei Phasen bestehender Zyklus erscheint (Krise und Aufschwung). Ein anderes Mal vollzieht sich kein wirklicher Aufschwung und die Wirtschaftskrise durchläuft eine zweideutige Periode, halb Depression — halb Aufschwung. Gewisse Länder haben nach dem zweiten Weltkrieg keine allgemeine zyklische Krise durchlaufen, sondern Perioden der Atempausen in ihrem relativ schnellen Wachstum oder Teilkrisen, die sich infolge eines komplexen Prozesses in den Mechanismus der Strukturkrisen ganzer Industriezweige („traditionelle" Textilindustrie, Kohlenbergbau, Schiffsbau usw.) einfügen. Der weltwirtschaftliche Zyklus scheint sich verschoben zu haben: die Krise bricht in den kapitalistischen Hauptländern nicht gleichzeitig aus, obwohl man in dieser Hinsicht den Beginn der Wiederherstellung des weltwirtschaftlichen Zyklus beobachten kann, beschleunigt durch solche Erscheinungen wie die fortschreitende Wiederherstellung der Konvertibilität der Währungen, die Krise des Dollar, die regionalen Abkommen oder Zusammenschlüsse zwischen kapitalistischen Ländern, die wachsende Verflechtung der internationalen Monopole usw. Die Wirtschaftskrisen selbst weisen viele Besonderheiten auf, sie sind weniger dramatisch als viele Krisen der Vergangenheit: sie kennen im allgemeinen keine Börsen- oder Bankzusammenbrüche und massenhaften Industriebankrotte, heftigen Preisstürze und keine bedeutende zyklische Arbeitslosigkeit (mit Ausnahme der USA).

Es wäre sicherlich nicht richtig, den Nachkriegszyklus als etwas völlig Neues und Eigentümliches, als etwas vom „klassischen" Zyklus qualitativ Verschiedenes zu betrachten. Der „klassische" Zyklus hat ja auch niemals die Regelmäßigkeit und Pünktlichkeit, die man ihm gelegentlich zuzusprechen pflegt, besessen. Es wäre aber auch ebenso dumm anzunehmen, daß solche Erschei-

[1] Y. Barel, Le cycle économique comtemporain et la reproduction élargie. Übersetzung aus: „Economie et Politique", Paris, Mai 1961, S. 13ff.

nungen wie die allgemeine Krise des Kapitalismus, die zunehmende Herrschaft des staatsmonopolistischen Kapitalismus, die Militarisierung, die Inflation sowie der zweite Weltkrieg ohne Wirkung auf die Form des Verlaufs des Zyklus gewesen seien. Einige dieser Erscheinungen hatten nur eine vorübergehende Wirkung: so haben sich nach und nach die Auswirkungen des zweiten Weltkriegs abgeschwächt; die wissenschaftlich-technische Revolution ist keine „permanente Revolution"; die Militarisierung kann durch die Anforderungen des friedlichen Wettbewerbs und den internationalen Klassenkampf in Frage gestellt werden usw. Im Gegensatz dazu müssen andere Erscheinungen wie die Intervention der öffentlichen Gewalt in das Wirtschaftsleben oder die zunehmende Monopolisierung der Wirtschaft als objektive Prozesse angesehen werden. Wir werden niemals den vormonopolistischen Kapitalismus wiedererleben, weil niemand die Macht hat, die allgemeine Krise des Kapitalismus zu beseitigen.

Es ist nicht unsere Absicht, alle Faktoren der Modifizierung des Zyklus, was übrigens in dem begrenzten Rahmen eines Zeitschriftenartikels unmöglich wäre, zu untersuchen, sondern nur einige Besonderheiten der erweiterten Reproduktion des gegenwärtigen Zyklus aufzuzeigen.

### *Die wissenschaftlich-technische Revolution*

Einem wohlbekannten Gesetz der Dialektik zufolge vollzieht sich der technische Fortschritt sprunghaft. Technische Erfindungen und Verbesserungen verteilen sich nicht regelmäßig auf den Zeitablauf, sondern haben ihren eigenen Erscheinungsrhythmus, dessen Dynamik sehr wenig bekannt ist. Ihre Anwendung in Industrie und Landwirtschaft hängt nicht allein von diesem Rhythmus, sondern auch von einer Gesamtheit wirtschaftlicher, politischer und sozialer Bedingungen ab, welche diese Anwendung beschleunigen oder verzögern. Schließlich haben nicht alle Erfindungen oder Verbesserungen die gleiche ökonomische Bedeutung: die einen lassen sich rasch in dem gegebenen technischen, wirtschaftlichen und sozialen Rahmen ausnutzen; andere bedingen und erzeugen eine mehr oder minder umfangreiche *Veränderung* der vorhandenen Produktionsstruktur.

Gegenwärtig vollzieht sich eine so starke Beschleunigung des technischen Fortschritts, daß man von einem wirklichen qualitativen Sprung sprechen muß. Die wissenschaftlich-technische Revolution begründet sich auf die Automatisierung und komplexe Mechanisierung, auf die verallgemeinerte Ausnutzung der Elektrizität und chemischer Verfahren und auf die beginnende Ausnutzung der Atomenergie für friedliche Zwecke. Sie kommt zum Ausdruck in der umfangreichen Erneuerung der Rohstoffskala, in dem Auftreten neuer Konsumgüter oder neuer Eigenschaften dieser Artikel, in der schnellen Vervollkommnung der Apparatur und der Ausrüstung, in der Entstehung neuer Industrien, im ausnahmsweise raschen Anstieg der Arbeitsproduktivität.

Das Ausmaß, der Rhythmus und die Formen der erweiterten Reproduktion werden durch diese Beschleunigung des technischen Fortschritts entscheidend beeinflußt. In den entwickelten kapitalistischen Ländern bildet gegenwärtig die Entwicklung der Produktion von Produktionsmitteln für diesen Bereich selbst die Triebkraft des wirtschaftlichen Wachstums. Nach und nach bildet sich eine neue Produktionsstruktur heraus. Die verschiedenen Zweige der

Abteilung I bilden für einander den Markt. Der Aufschwung der Abteilung I wird für einen entscheidenden Zeitraum weitgehend unabhängig vom Konsumtionsmittelabsatz.

So erklärt sich auch die Tatsache, daß im Lauf der gegenwärtigen Krisen, wenn die Produktion der Abteilung II infolge der Sättigung der Konsumtionsmittelmärkte nachläßt, sich die Übertragung der Krise aus der Abteilung II in die Abteilung I schwieriger und unvollkommener als früher durchsetzt. Der sich verstärkende Kontraktionsprozeß, der eine der Hauptursachen für die Heftigkeit und die Schwere der Krisen bildet, wird nicht oder nur schwach und für kurze Zeit ausgelöst. So erklärt sich auch eine häufig beobachtete Besonderheit der gegenwärtigen Krisen: Während die Krise in der Vergangenheit im allgemeinen durch ein *anfängliches* Nachlassen in der Abteilung I gekennzeichnet war (das übrigens selber in Auswirkung eines komplexen Prozesses durch die latente Überproduktion der Abteilung II erzeugt wurde), beginnen die gegenwärtigen Krisen häufig mit einem Nachlassen in der Abteilung II, während die Abteilung I nur mit einer Verspätung von einigen Monaten nachfolgt. Umgekehrt stellt man fest, daß die Wiederbelebung bald von der Abteilung II, bald von der Abteilung I ausgeht.

So erklärt sich schließlich, daß trotz der erheblichen Verschärfung der Ausbeutung der Werktätigen der Widerspruch zwischen der Produktionskapazität und der Konsumtionskraft noch nicht die Schwelle des Zusammenbruchs erreicht hat, da die relative Selbständigkeit der Abteilung I es in diesem Falle ermöglicht, zeitweilig den Ausbruch gewisser Widersprüche zu verschieben. Wir möchten zuvor zwei Bemerkungen zu diesem Punkt machen:

— Die gegenwärtige Phase des kapitalistischen Wachstums drückt sich in den kapitalistischen Hauptländern — mit Ausnahme der USA — nicht in einem schnellen Anwachsen der industriellen Reservearmee aus. In einigen Ländern wird diese Reservearmee im Augenblick sogar weitgehend aufgesaugt. Die komplexe Mechanisierung und Automatisierung haben jedoch nicht die ihnen vom Kapitalismus gesetzten ökonomischen und sozialen Grenzen erreicht.

— Die spezifischen Formen des Klassenkampfes nach dem zweiten Weltkrieg haben die Entwicklung der zahlungskräftigen Nachfrage nach Konsumtionsmitteln vielseitig und widersprüchlich beeinflußt. Die Verschärfung der Ausbeutung der Arbeiterklasse drückt sich nicht in einer ständigen Verminderung ihrer Kaufkraft aus, sondern im Wechsel von Phasen der Erhöhung und der Senkung des Reallohns, dessen Endergebnis sich in den einzelnen Ländern besonders hinsichtlich des wachsenden Gegensatzes zwischen Reallohn und Intensität oder Dauer der Arbeit unterscheidet. Die *Gesamt*kaufkraft der Arbeiterklasse der kapitalistischen Hauptländer erhöhte sich insgesamt gegenüber den ersten Nachkriegsjahren infolge der Zunahme ihrer zahlenmäßigen Stärke einerseits und ihres Widerstandes gegen Eingriffe des Unternehmertums und der Regierung andererseits. Jedoch hat die Konsumtion der Arbeiter nicht so schnell wie die Produktion zugenommen, und wenn dieser Widerspruch noch keine sichtbaren Folgen gehabt hat, kann das in Zukunft anders sein, sobald der technische Fortschritt als Triebkraft zu wirken aufgehört haben wird.

Hier ist eine weitere Bemerkung am Platz: Im Laufe der Nachkriegswirtschaftskrisen wurde niemals ein plötzliches Absinken der Nachfrage nach Konsumtionsmittel festgestellt, sondern nur ein leichter Rückgang oder sogar eine bloße Stockung der Zunahme. Diese relative Stabilisierung der Kaufkraft hat die Stärke der Krisen offensichtlich vermindert. Als Ursache für die Verminderung des Ausmaßes der Schwankungen der Kaufkraft muß man, außer den Staatsaufträgen, die in manchen Fällen eine kompensierende Rolle gespielt haben, gewisse an die technische Revolution selbst geknüpfte Erscheinungen nennen.

Die technische Revolution ermöglicht objektiv — ohne, daß diese Möglichkeit notwendigerweise realisiert werden muß —, daß der Teil des Nationaleinkommens, der auf solche sozialen Schichten oder Klassen entfällt, deren Aktivität nur schwach mit der Wirtschaftskonjunktur verbunden ist, absolut und relativ wächst: Beamte, Militärs, Polizisten, Dienstleistende verschiedener Art usw. Diese Erscheinung kann sich übrigens in der Zukunft als Faktor der Unstabilität der Nachfrage nach Konsumtionsmitteln auswirken. Tatsächlich verwenden die sogenannten „Mittelklassen" einen bedeutenden Teil ihres Einkommens für „Konsumtionsinvestitionen" (Häuser, Autos, Haushaltsgeräte), die eine gewisse Analogie zu den produktiven Investitionen besitzen: zunächst infolge ihres Volumens (45 Milliarden Dollar in den USA im Jahre 1957 gegenüber 31 Milliarden für produktive Privatinvestitionen); ferner infolge ihrer zunehmenden Unbeständigkeit im Nachkriegszyklus: zwischen dem ersten Vierteljahr 1957 bis zum letzten Vierteljahr 1958 hat sich der Absatz langlebiger Konsumtionsmittel in den USA um 13 Prozent verringert und die Ausgaben für Ausrüstungsgüter des privaten Sektors haben um 11 Prozent abgenommen. Ein fühlbarer Rückgang der Nachfrage nach langlebigen Gütern machte sich in Frankreich in letzter Zeit bemerkbar und bildet wahrscheinlich die wichtigste Ursache für die Krise von 1958/59.

Die technische Revolution wirkt sich außerdem auf die zahlungskräftige Nachfrage nach Konsumtionsmitteln aus, weil die beschleunigte Entwicklung der Abteilung I gleichzeitig auch eine Steigerung der Kaufkraft und damit eine zusätzliche Nachfrage nach Konsumtionsmitteln darstellt. Im Maße, in dem der Aufschwung der Abteilung I vom Konsumtionsmittelmarkt unabhängig ist, ergibt sich durch eine umgekehrte Wirkung, daß er diesen Markt absolut um so stärker ausdehnt. Die Veränderungen in der Gesamtnachfrage werden für den Augenblick durch einen wichtigen Faktor begrenzt: die zeitweilige Sättigung des Marktes für eine bestimmte Anzahl von langlebigen Verbrauchsgütern. In den Krisen der Vergangenheit spielte diese Sättigung offensichtlich eine Rolle, aber dazu kam die plötzliche Verringerung der zahlungskräftigen Nachfrage, die sich aus dem Aufhören des Wachstums in der Abteilung I ergab und mit der Stockung des Wachstums der Abteilung II zusammentraf beziehungsweise sie manchmal vorwegnahm. Der sich verstärkende Prozeß, der sich gar nicht oder nur wenig von der Abteilung II in Richtung auf Abteilung I vollzieht, vollzieht sich aus den gleichen Gründen auch nicht oder nur schlecht von der Abteilung II in Richtung auf Abteilung I und wieder in Richtung auf die Abteilung II.

Der technische Fortschritt verändert durch die ihm eigenen Formen bis zu einem gewissen Punkt die Dynamik der Investitionen. Ein viel größerer Teil dieses technischen Fortschritts als früher beruht auf der Aufstellung verbesserter Apparaturen und Ausrüstungen, auf der Organisierung und Normierung der Arbeit, auf der Ersetzung der traditionellen Energie durch neue Energiequellen und -formen, auf der Aufstellung von Kontroll- und Übertragungsgeräten, der Verwendung weniger kostspieliger standardisierter Rohstoffe, der Mechanisierung und Automatisierung.

— Eine gewisse Zahl von Investitionsarten erfordert zu ihrer Unterbringung weniger Zeit als früher und wirkt sich viel schneller auf die Konsumtion aus. Die Reproduktionszeit für das fixe Kapital beschleunigt sich entsprechend.

— Ein Teil der Investitionen ergibt sich aus dem Bestreben der Kapitalisten, nicht nur auf eine Ausweitung der Nachfrage zu reagieren, sondern die Selbstkosten zu verringern, den Profit je Einheit zu vergrößern. Das ist eine wichtige Seite der immer heftigeren Monopolkonkurrenz. Daraus ergibt sich ein außerordentlich rascher moralischer Verschleiß der Ausrüstung, der in einer systematischen Politik beschleunigter Abschreibungen zum Ausdruck kommt und einen wirkungsvollen Faktor der Verkürzung des Zyklus bildet. Die Methode der beschleunigten Abschreibungen wird von den Monopolen besonders bei neuen Industrien und Produkten angewandt, um das Risiko zu begrenezn. Es wird üblich, eine Erdölraffinerie oder eine automatisierte Autotaktstraße in wenigen Jahren zu amortisieren.

— Die technische Revolution drückt sich in einem schnellen Anstieg der Arbeitsproduktivität, also der Steigerung der Produktion von relativem Mehrwert und der Steigerung der Mehrwert- und Profitrate, aus. Insbesondere wird der Umschlag des Kapitals beschleunigt und um so mehr beschleunigt, als die Monopole die Möglichkeit haben, in ihre Preise erhöhte Abschreibungsraten einzukalkulieren. Die Tendenz zur Erhöhung der organischen Zusammensetzung des Kapitals und damit die Tendenz zum Sinken der Profitrate, die einerseits durch die Intensität der Investitionstätigkeit verstärkt wird, wird andererseits durch die Tatsache, daß ein bestimmter Fortschritt in der Produktivität, auf der gegenwärtigen technischen *Grundlage* mit weniger Kapitalkosten als früher erzielt werden kann, aufgehalten. Der schnelle moralische Verschleiß, Einsparungen an Energie und Rohstoffen, die immer weiter getriebene Ausnutzung von Abfallprodukten, das alles schließt die Tendenz zur mindestens relativen Verminderung des Wertes des konstanten Kapitals bei gleichzeitiger Erhöhung seiner materiellen Produktivkraft ein. Eine sehr wichtige Rolle spielt hierbei die sogenannte „geistige Investition", d. h. die systematische Ausnutzung von Erfindern und Wissenschaftlern, die im team an auf die Bedürfnisse der Monopolunternehmen zugeschnittenen Programmen arbeiten. Die Kosten dieser Investitionen sind um so niedriger für die Monopole, je stärker der größte Teil aus öffentlichen Mitteln finanziert wird und sie ausgiebig und gratis aus dem Fonds der Entdeckungen schöpfen, die in militärischen Forschungslaboratorien und -büros gemacht werden, mit denen sie sowohl in enger organisatorischer wie in technischer Gemeinschaft zusammen arbeiten.

Die früheren Wirtschaftskrisen waren durch den plötzlichen Fall der Profitrate, der kurz vor der Auslösung der Krise selbst eintrat, gekennzeichnet. Dieser Fall rührte aus der Unmöglichkeit her, die Waren zu realisieren, und hatte das Anschwellen unabsehbarer Lagerbestände sowie die Zerrüttung des Preissystems zur Folge, da die Verkaufspreise der Konsumgüter nicht mehr steigen konnten, die Selbstkosten jedoch zu steigen fortfuhren. Dieser Fall erfolgte im allgemeinen zuerst in der Abteilung I, aber seine letzte Ursache lag in der beginnenden Sättigung des Marktes für Konsumgüter.

Es hat nicht den Anschein, daß der Fall der Profitrate in den gegenwärtigen Krisen so heftig wie früher ist. In dem Umfang, in dem gegenwärtig die Nachfrage nach Konsumtionsmitteln nicht die Triebkraft des Wachstums bildet, verliert sie an Einfluß auf die Profitrate der Abteilung I, deren Schwankungen dadurch enger begrenzt sind. Außerdem verstärkt der Widerstand der Monopole gegen Preissenkungen und ihre Politik der Lagerkontrolle (die weniger spekulativen Charakter als früher hat) diese relative Stabilität der Profitrate, die trotzdem im wesentlichen ihren Ursprung in der zeitweilig möglichen Durchsetzung des technischen Fortschritts hat.

Das Steigen und die Stabilisierung der Profitrate haben dazu beigetragen, die Wiederkehr von Krisen zu beschleunigen, indem sie den Aufschwung der zahlungskräftigen Nachfrage nach Konsumtionsmitteln begrenzt haben. Gleichzeitig haben sie die Schärfe der Krisen vermindert, indem sie die Investitionstätigkeit, selbst bei zeitweilig nachlassender Konsumtionsmittelnachfrage, gefördert haben und zwar deshalb, *weil* die Investitionspläne relativ unabhängig von dieser Nachfrage sind. Umgekehrt könnte das Steigen der Profitrate an dem Tage, an dem die Nachfrage nach Konsumtionsmitteln Triebkraft der Expansion würde, zum Haupthindernis der Wachstumsbestrebungen werden. Das gegenwärtige Wachstum der kapitalistischen Länder beruht bis zu einem gewissen Grade auf einer Wette auf die Zukunft, einer Wette, die unter Bedingungen eingegangen wird, die ihrerseits die Chancen des Gewinnens gerade begrenzen. Die gegenwärtige technische Revolution ist ein gewaltiger, widersprüchlicher Prozeß, dessen vielseitig schillernde Aspekte nicht alle gleichzeitig in Erscheinung treten. Sie umgeht zeitweilig gewisse Notwendigkeiten, bringt andere hervor, vervielfältigt zeitweilig die Widersprüche und ersetzt die einen durch andere.

### *Die Veränderungen der Struktur und der Methoden der Investitionen*

Im 19. Jahrhundert wurde die Finanzierung des Produktionsapparates durch die Schaffung von Aktiengesellschaften ermöglicht, indem die Aktien oder Obligationen auf dem Kapitalmarkt untergebracht wurden. Der Kapitalismus war noch zu schwach, um seine Entwicklung allein aus eigenen Quellen zu finanzieren. Der Erfolg der Unterbringung beim Publikum war weitgehend abhängig von der Höhe der Dividende oder der Börsenverzinsung, vom guten Ruf der Gesellschaft, vom Launenwechsel der Zeichner, die die Ankündigung einer sinkenden Dividende in Verwirrung brachte, von dem Bankrott einer Bergbaugesellschaft oder einer Bank, von Pressekampagnen, von Konjunkturschwankungen... Daraus ergab sich eine außerordentliche Unbeständigkeit der Privatinvestitionen. Erfolgten sie in Perioden allgemeinen Vertrauens im Übermaß, so konnten sie plötzlich aufhören und eine Kettenreaktion erzeugen. Außerdem ließ dieser Banken- und Börsenaufbau die an sich unstabilen Investitionen überempfindlich werden: Der kleine Umfang der Unternehmungen erlaubte ihnen im allgemeinen nicht den Markt durch das Volumen ihrer Investitionen zu beeinflussen oder sich selber rechtzeitig von der tatsächlichen Entwicklung des Marktes Rechenschaft zu geben. Die Investitionen waren viel stärker als heute eine Art abwechselnden Umhertastens, das den blinden Charakter der Bewegung durch ihren kräftigen Ausschlag nach oben oder unten kompensierte.

Heute erfolgt die Einleitung neuer und die Ausdehnung alter Geschäftstransaktionen zu einem viel geringeren Teil in der Form der Aktien- und Obligationszeichnungen durch das Publikum. Sie werden gewöhnlich von alteingesessenen Monopolen in Verbindung mit den Banken aus den eigenen Fonds der Monopole (einschließlich der Finanzoligarchie) und auf Grund der vom Staat gewährten Mittel finanziert. Nur allmählich und teilweise werden die von den Monopolen so angelegten Kapitalien durch die individuellen Ersparnisse ergänzt. Außerdem haben die Motive, die heute die Anlage in beweglichen Werten nahelegen, weniger „spekulativen" Charakter als früher: Es geht mehr um die Sicherheit der Anlage (die Inflation und die Geldentwertung spielen auf diesem Gebiet eine große Rolle), und die Höhe der Dividende spielt eine geringere Rolle. Die Monopole haben übrigens die Tendenz, diese Höhe auf einem relativ niedrigen Niveau zu stabilisieren. Die Dividende kann sich verringern, sogar ausnahmsweise verschwinden, ohne die Quelle frischer Kapitalien versiegen zu lassen. Diese „weise Bescheidenheit" des Zeichners ist nichts anderes als die Widerspiegelung der wachsenden Herrschaft der Monopole auf dem Kapitalmarkt und ihrer direkteren Kontrolle über gewisse kleinbürgerliche Schichten. Mit Hilfe des Staates werden die Aktienkurse streng von den Monopolen überwacht. Eine Börsenpanik ist in der gegenwärtigen Etappe selten, und wenn sie vorkommt, kann man leicht darauf wetten, daß die Monopole selbst ihre Hand im Spiel haben.

Außerdem hat der Kapitalmarkt im Verhältnis zu den beiden anderen Finanzierungsquellen der Investitionen an Bedeutung verloren. Diese Finanzierungsquellen sind:

1. die vom Staat bereitgestellten Mittel,

2. besonders die Selbstfinanzierung, die die Monopole systematisch ausbauen, da sie so offensichtlich eine vollständigere Herrschaft über ihre Kapitalquellen und eine Waffe im Konkurrenzkampf mit den anderen Monopolen erlangen. Die Selbstfinanzierung bringt eine komplizierte Politik zum Einsatz, die gleichzeitig die Investitionen, die Dividenden, die Abschreibungen, die Preise, Marktabkommen usw. betrifft. Sie findet Ausdruck:

— in der Tatsache, daß der größte Teil des Profits nicht verteilt wird, sondern dem Monopol in der Form unverteilter Gewinne, Reserven, verschiedener Provisionen usw. verbleibt.

— in einer Politik beschleunigter Abschreibungen, die in Wirklichkeit einen Teil einschließen, der aus Nettoinvestitionen besteht. Der wachsende Umfang der Abschreibung innerhalb der Gesamtinvestitionen ist ein auffälliges Merkmal des gegenwärtigen Mechanismus der erweiterten Reproduktion. Das Volumen der Gesamtinvestitionen weist die Tendenz auf, die sich von den wirklichen Bedürfnissen nach Erneuerung des fixen Kapitals loszulösen.

— in einer Monopolpreispolitik, durch die der Spielraum für die Selbstfinanzierung maximal wachsen soll, indem eine großzügige Abschreibung kalkuliert wird und der als normal angesehene Profit den so bestimmten Selbstkosten hinzugefügt wird, wobei besonders das von den Monopolisten gewünschte

Investitionsniveau in Betracht gezogen wird. Es ist noch hinzuzufügen, daß dieser Begriff: gewünschtes Investitionsniveau sehr elastisch gefaßt werden muß; es entspricht nicht nur den durch die Entwicklung der Nachfrage erforderten produktiven Investitionen, sondern auch der Sorge der Monopolisten, sich nicht nur für die unmittelbare Produktion auszurüsten, sondern auch dazu, ihren Konkurrenten standhalten zu können, und sogar der Sorge, einfache Kapitalreserven zu besitzen oder ihre politischen Repräsentationsausgaben zu erhöhen. Es wäre falsch in den gegenwärtigen Investitionen ein bloßes Wettrennen nach dem technischen Fortschritt zu sehen. Sie schließen ebenfalls den Parasitismus und die unproduktive Verwendung von Mehrwert (unproduktiv vom nationalen Interesse her, aber nicht für die Monopole selbst) ein. Dieser Mechanismus der Selbstfinanzierung und der Monopolpreise beruht auf einer weitgehenden Übertragung von Wert aus der Landwirtschaft in die Industrie, aus dem öffentlichen in den privaten Sektor, aus dem nichtmonopolisierten oder handwerklichen in den monopolisierten Sektor. Er drückt die Tatsache aus, daß die erweiterte Reproduktion sich heute nicht mehr durch das normale Funktionieren des Kapitalismus verwirklicht, sondern ebenfalls durch Prozesse, die denen der ursprünglichen Akkumulation ähneln. Er beschleunigt die Konzentration erheblich, verstärkt aber gleichzeitig die politische, soziale und ökonomische Isolierung der wenigen Monopolisten. Er trägt auch vom Standpunkt des Wirtschaftszyklus aus eine Fülle künftiger Widersprüche und Schwierigkeiten in sich, denn er offenbart sich schließlich als *Vorwegnahme* der Marktentwicklung, wobei er diese Entwicklung mit einer Hypothek belastet. Wir haben es da mit einer Art Flucht nach vorn zu tun.

Welche Folgen haben diese Veränderungen auf die erweiterte Reproduktion und den Zyklus? Die Herrschaft der Monopole über ihre Finanzierungsquellen ist angewachsen: Sie üben die direkte Kontrolle über einen großen Teil ihrer Kapitalien aus und sind die politischen Herren der Ausnutzung der öffentlichen Finanzen. Ihre Riesenhaftigkeit ermöglicht es ihnen, den Markt — sowohl in Hinblick auf die Aktion wie auf die Kenntnis — zu beherrschen. Das gibt ihnen bis zu einem gewissen Punkt die Möglichkeit, eine Investitionspolitik und entsprechende Programme festzulegen und in nicht unbedeutendem Umfange zu verwirklichen. So vollzieht sich eine gewisse Stabilisierung der Investitionen und des Zyklus selbst. Die Investitionen werden weder nur in Abhängigkeit von der unmittelbaren Konjunktur aufgestellt und verwirklicht (Profit- oder Marktkonjunktur) noch von den finanziellen Möglichkeiten des Augenblicks, sondern in Abhängigkeit von einer langfristigen monopolistischen Strategie. So vollzieht sich eine gewisse Verteilung der Investitionen über längere Zeit. Unter gewissen Umständen haben die Monopole die Möglichkeit und das Interesse daran, ihre Investitionen trotz der Auslösung der Krise fortzusetzen. Aus der jüngsten Geschichte der kapitalistischen Länder könnten zahlreiche Beispiele dieser Art angeführt werden.

In diesem Zusammenhang ergibt sich auch die Erklärung einer anderen Besonderheit der gegenwärtigen Krisen. Abgesehen von den geringen Schwankungen der Privatinvestitionen, werden im allgemeinen die Schlüsselindustrien, im Unterschied zu den früheren Krisen, nicht als erste und am schwersten von der Krise betroffen, mit der einen Ausnahme der Automobilindustrie.

Diese Ausnahme erklärt sich wahrscheinlich aus der Tatsache, daß es sich beim Absatz dieser Industrie fast nur um einen Konsumtionsmittelabsatz handelt, während die anderen Schlüsselindustrien sowohl für den Bereich der Abteilung I wie der Abteilung II produzieren. Es ist interessant festzustellen, daß innerhalb ein und desselben Industriezweigs, z. B. bei der Elektroindustrie, die Zweige, die für die individuelle Konsumtion (Haushaltsgeräte, Rundfunk- und Fernsehgeräte usw.) produzieren, den Hauptstoß der Krisen erleiden und dank einer differenzierten Preispolitik das Wachstum der industriellen Ausrüstungen erzeugenden Zweige finanzieren.

Der Umfang der Finanzierung der erweiterten Reproduktion aus öffentlichen Mitteln hat zu anderen wichtigen Veränderungen geführt, die hier nur kurz umrissen werden können. Nicht, daß die öffentlichen Investitionen beständig wären, aber sie sind insgesamt billiger und beständiger als die Privatinvestitionen, und ihre Unbeständigkeit ist jedenfalls nichtzyklischer und manchmal antizyklischer Natur. In Ländern mit einem umfangreichen öfentlichen Industriesektor betreiben die für diesen Sektor Verantwortlichen eine Investitionspolitik, die sich erheblich von der Politik der Verantwortlichen des privaten Sektors unterscheidet. Es geht nicht darum, aus diesen „Technokraten" eine neue soziale Klasse zu machen, die unter oder außerhalb der herrschenden Klasse stehen würde, es handelt sich um die Feststellung einer offenbaren Tatsache: Die im öffentlichen Sektor und seinen einzelnen Unternehmungen betriebene Politik entspricht nicht den spezifischen Interessen dieses Sektors oder dieser Unternehmungen, sondern den Interessen der Klasse, die die wirklicht Macht innehat, d. h. der Monopole und ihrer Vertreter in der Regierung und in den öffentlichen Unternehmen. Das schaltet Abstufungen und zweitrangige Gegensätze nicht aus, die übrigens teilweise den Kämpfen der Monopole um Einflußnahme auf die Regierung entsprechen. Das schließt im Gegenteil folgenden grundlegenden Gegensatz ein: Die Höhe und die Rate des Profits bilden nicht das Hauptkriterium für die Investitionen des öffentlichen Sektore wie im Falle des privaten Sektors. Ganz im Gegenteil sind viele öffentliche oder nationalisierte Unternehmen Betriebe mit niedriger oder fehlender Rentabilität. Sie führen trotzdem eine aktive Investitionspolitik durch, nicht aus der Grundlage ihrer eigenen oder nationaler Interessen, sondern auf der Grundlage des *allgemeinen* Interesses der Kapitalistenklasse, wobei klar ist, daß es schwierig ist, eine Quantifizierung vorzunehmen, z. B. die Einwirkung dieser Politik auf die Profitrate der Monopole zu messen, obwohl diese Einwirkung nicht zu leugnen ist. Es handelt sich hier mehr um eine allgemeine Politik als um Buchführung. Es ergibt sich, daß die Investitionen des öffentlichen Sektors im allgemeinen selbst dann fortgesetzt werden, wenn die Wirtschaft sich in der Krise befindet, und man wäre fast versucht zu sagen, *weil* die Wirtschaft eine Krise durchmacht. Inmitten der zyklischen Schwankungen stellt der öffentliche Sektor einen stabilen Pol von gewisser Bedeutung dar, jedenfalls hinsichtlich des Niveaus der Investitionen: Durch ihre diskriminierende Preispolitik zugunsten der Monopole und zum Nachteil der anderen Konsumenten haben die nationalisierten Unternehmen tatsächlich an diesem Mechanismus der ursprünglichen Akkumulation in moderner Form teil, der Kaufkraft der Werktätigen aufsaugt, um sie an die Monopole zu übertragen. Aus dieser Tatsache erwachsen neue Widersprüche und eine neue Unbeständigkeit. Aber das ist nur eine der Formen, in der sich der Widerspruch zwischen dem immer mehr gesellschaftlichen Charakter der Produktion und der Aufrechterhaltung der privaten Aneignung ausdrückt.

Der staatsmonopolistische Kapitalismus übt, außerhalb des Mechanismus der öffentlichen Investitionen, durch die öffentlichen Aufträge für Güter und Dienstleistungen an den Privatsektor einen Einfluß auf die erweiterte Reproduktion aus. Die Nachfrage des Staates hat tatsächlich eigentümliche Züge: Sie hat massenhaft-umfassenden Charakter; ist besser als die private Nachfrage und manchmal sogar im voraus bekannt; sie ist weniger launenhaft, reagiert insbesondere weniger empfindlich auf Preisschwankungen, vor allem auf Preiserhöhungen; sie ermöglicht außerordentlich hohe Profite; die Monopole haben mehr Spielraum für die Kontrolle und sogar für die Auslösung und Lenkung dieser Staatsaufträge. Alle diese Eigentümlichkeiten haben einen bestimmten Einfluß auf den Ablauf der Produktion und der Investitionen des privaten Sektors.

Die Veränderungen in der Struktur und in den Methoden der Investitionen, durch welche die Schwankungen der Privatinvestitionen begrenzt und die öffentlichen Investitionen entwickelt wurden, haben dazu beigetragen, dem Zyklus zeitweilig eine größere Regelmäßigkeit zu verleihen. Aber diese relative Stabilisierung stößt auf zwei Schranken: Sie kann nur insoweit eintreten als die Profitrate es erlaubt, d. h. insoweit als diese Profitrate beständig ist und ansteigt. Außerdem ist diese Stabilisierung eine innere auf jedes Monopol beschränkte Stabilisierung. Die Unbeständigkeit kehrt mit der Konkurrenz der Monopole untereinander wieder: Es gibt kein unbedingt wirksames Mittel, die Investitionspolitik der verschiedenen Monopole in Einklang miteinander zu bringen, und nichts bewahrt die Wirtschaftsordnung vor der krisenerzeugenden Überakkumulation und Überinvestition. Es liegt ganz im Gegenteil im Wesen der Monopolkonkurrenz, eine Art Beschleunigung der Investitionen zu erzeugen. Das wird durch die gegenwärtigen Vorgänge in der Autoindustrie voll bewiesen: Alle großen Firmen in Europa und Amerika fahren fort, sich fieberhaft auszurüsten und zu diesem Zweck ihre Preise zu erhöhen, obwohl der Markt unter ihren Füßen weggleitet. Aber die Autofirmen müssen sich in den kommenden Monaten und Jahren auf einen heftigen Kampf vorbereiten, und jeder Leiter eines Unternehmens muß solche Überlegungen anstellen, als würde er als Sieger aus der Schlacht hervorgehen, obwohl seine Chancen minimal sind. Gegen diesen eigenartigen Wahnsinn der Monopolordnung ist kein Kraut gewachsen.

Die wirkliche Bedeutung der Veränderungen, die durch neue Investitionsmethoden in den Zyklus hineingetragen werden, ist die, einige äußere Rückwirkungen der Investitionen auf den Markt und des Marktes auf die Investitionen zu unterdrücken. Der Markt selbst jedoch entzieht sich weitgehend der Beherrschung durch die Monopole und würde sich ihr noch mehr entziehen, wenn der technische Fortschritt aufhört, Triebkraft des Wachstums zu sein. Daraus ergibt sich für uns eine allgemeine Schlußfolgerung über den Verlauf der erweiterten Reproduktion in der gegenwärtigen Periode. Die Art des „Wohlbefindens" (im objektiven nicht im phychologischen Sinn), die gegenwärtig in den kapitalistischen Wirtschaften zu beobachten ist, ergibt sich daraus, daß die technische Revolution auf der von ihr erreichten Stufe noch Zeit hat, gewisse frühere Widersprüche zu verhüllen, und noch nicht die Zeit gehabt hat, neue heranreifen zu lassen. Es handelt sich nicht darum, für die nächste Woche eine große Krise vorauszusagen, sondern es geht einfach darum, sich des ungewissen Charakters des gegenwärtigen Verlaufs der erweiterten Reproduktion deutlich bewußt zu werden. Endgültige Strukturveränderungen haben in den Mechanismus der erweiterten Reproduktion eingegriffen; aber um ein möglichst richtiges Urteil über die Einwirkung dieser Veränderungen zu fällen, muß man sie mit ihren historischen Koeffizienten versehen, muß man sie datieren. In dieser zeitlichen Begrenzung offenbart sich nichts anderes als das unheilbar Unrationelle und Unkontrollierbare im Mechanismus des kapitalistischen Wachstums.

UMSCHAU

# Die Grundzüge der wirtschaftlichen Entwicklung in den kapitalistischen Ländern im ersten Halbjahr 1962

In der ersten Hälfte des Jahres 1962 hat sich die Zunahme der materiellen Produktion und des Außenhandels im Durchschnitt aller kapitalistischen Länder in relativ langsamem Tempo weiter fortgesetzt, wobei nach wie vor nur eine starke Ungleichmäßigkeit der Entwicklung festzustellen ist. Die allgemeine Labilität der ökonomischen Situation des Kapitalismus zeigte sich unter anderem in der Börsenbaisse der ganzen letzten Zeit sowie in vielfältiger Weise auch in den zwischen- und innerstaatlichen wirtschaftspolitischen Auseinandersetzungen (z. B. um die Zollunion zwischen den USA und der EWG im USA-Parlament; um den Beitritt Großbritanniens zur EWG; um die Schaffung eines EWG-Agrarmarktes; um die „Stabilisierung" der Konjunktur in Westdeutschland). Sie wurde durch den Widerstand der Völker gegen die imperialistische Politik und durch die Niederlagen des Imperialismus auf verschiedenen Gebieten und in verschiedenen Gegenden der Erde noch verstärkt.

Die Industrieproduktion der sechs bedeutendsten kapitalistischen Industrieländer (die im Jahre 1960 zusammen 75 Prozent der Industrieproduktion aller kapitalistischen Länder auf sich vereinigten) nahm im ersten Halbjahr 1962 folgende Entwicklung (Veränderung gegenüber dem gleichen Zeitraum des Vorjahres in Prozent):

| | 1961 | | 1962 | | | | |
|---|---|---|---|---|---|---|---|
| | III. Quartal | IV. Quartal | I. Quartal | II. Quartal* | April* | Mai* | Juni* |
| USA | + 3,5 | + 8,9 | +12,1 | + 8,8 | +10,5 | + 8,6 | + 6,8 |
| Westdeutschl. | + 3,6 | + 4,2 | + 1,7 | + 4,9 | + 4,3 | + 2,9 | + 7,5 |
| Großbrit.** | + 2,1 | + 0,3 | + 0,3 | + 0,9 | − 0,9 | + 1,8 | + 1,7 |
| Frankreich** | + 3,3 | + 5,9 | + 6,4 | + 6,9 | + 8,3 | + 7,0 | + 5,4 |
| Japan | +22,4 | +21,7 | +17,3 | +13,1 | +15,1 | +12,7 | +10,0 |
| Italien | + 8,4 | +12,7 | +11,9 | +10,1 | +11,6 | +11,3 | + 7,1 |

* Vorläufige bzw. noch teilweise vorläufige Angaben.
** Berechnet aus Indexzahlen ohne Kommastelle.

Diesem Produktionswachstum in einigen der großen kapitalistischen Industrieländer (in Großbritannien stagniert die Produktion; die relativ hohen Zuwachsraten der USA sind lediglich auf die Krise 1960/61 und den ihr folgenden kurzen Aufschwung zurückzuführen) steht eine im allgemeinen wesentlich schlechtere Situation in anderen Ländern gegenüber, von den ökonomisch noch schwachen Ländern ganz abgesehen, die durch den nichtäquivalenten Austausch mit den kapitalistischen Industrieländern (bei tendenziell sinkenden Rohstoffpreisen und tendenziell steigenden Fertigwarenpreisen) in ihrer gesamten ökonomischen Entwicklung gehemmt und vor allem durch die mächtigsten internationalen Monopole in beträchtlichem Maße ausgeplündert werden. Nachstehend sollen noch die Indexzahlen für die Industrieproduktion einiger weiterer kapitalistischer Länder im Juni 1961 und 1962 genannt werden, um einen Eindruck von dem Entwicklungstempo zu vermitteln, das um die Mitte dieses Jahres vorhanden war (Index 1953 = 100; Veränderung in Prozent):

| | Juni 1961 | Juni 1962 | % |
|---|---|---|---|
| Finnland* | 176 | 193 | +10 |
| Griechenland** | 162 | 169 | + 4 |
| Niederlande | 167 | 165 | − 1 |
| Norwegen | 166 | 174 | + 5 |
| Österreich | 188 | 196 | + 4 |
| Portugal* | 185 | 182 | − 2 |
| Schweden | 145 | 145 | ± 0 |
| Canada | 139 | 151 | + 9 |

* Jeweils Mai.
** Jeweils März.

Ungeachtet des weiteren Wachstums der Produktion blieben die chronischen Erscheinungen der ökonomischen Labilität des kapitalistischen Systems weiter erhalten: ein wachsender Teil der vorhandenen und weiter vergrößerten Produktionskapazitäten kann nicht mehr ausgelastet werden; vor allem in den USA, aber auch in anderen Ländern, wie z. B. Italien und Großbritannien, hält die Massenarbeitslosigkeit an; usw.

Diesen Erscheinungen steht allerdings die Tatsache gegenüber, daß eine Fortdauer der Konjunktur in den EWG-Staaten gegenwärtig noch von den Wirkungen beeinflußt wird, die von der Bildung des „Gemeinsamen Marktes" ausgehen.

Die allgemeine Unsicherheit hinsichtlich der ökonomischen Situation des Kapitalismus kommt auch in zahlreichen Kommentaren maßgebender Zeitungen und Zeitschriften zum Ausdruck. So schrieb das „Düsseldorfer Handelsblatt" (Nr. 145 vom 1. August 1962) über die Tendenzen zu einer Verlangsamung des wirtschaftlichen Wachstumstempos in den USA und Westeuropa:

„Und wenn deshalb kaum schon eine Weltwirtschaftskrise mit allseitigem Zusammenbruch von Produktion und Beschäftigung droht, so mag dem Westen . . . jetzt doch ein fühlbarer Konjunkturrückgang bevorstehen.

In der Londoner City fürchtet man, sich auf eine solche Eventualität um so mehr einrichten zu müssen, als bei rückläufigen Rohwarenpreisen und unter Verschlechterung der Terms of Trade der überseeische Kaufkraftschwund ohnehin über das hinauszugeraten scheint, was die Industrieländer an Kredithilfe einschießen. Selbst ein bloßes Pausieren in USA und Westeuropa könnte die Aufnahmefähigkeit der unterentwickelten Gebiete für den amerikanisch-europäischen Fertigwarenexport fühlbar schmälern".

Hier wird zunächst nicht weniger eingestanden als die von den fortschrittlichen Kräften in vielen Ländern schon seit Jahr und Tag bekannt gemachte Tatsache, daß die „Entwicklungshilfe" nur die Neuanlage eines Teils der Profite darstellt, die die Monopole aus den Werktätigen der ökonomisch noch schwachen Länder herauspressen. Der Autor des zitierten Beitrages muß dann sogar durchblicken lassen, daß die prekäre Situation der kapitalistischen Wirtschaft durch diese Art „Wirtschaftspolitik" gegenüber den „Entwicklungsländern" noch verschärft wird. Da eine Politik wirklicher

Hilfe beim wirtschaftlichen Aufbau der jungen Staaten seitens der imperialistischen Mächte nicht denkbar ist, weil sie den Profitinteressen und dem Machtstreben der herrschenden Monopole zuwiderlaufen würde, fängt sich das kapitalistische System hier in einem der vielen Widersprüche, zu deren Lösung es nicht fähig ist.

„Trotz amerikanischer und europäischer Entwicklungshilfe droht sich die Kluft zwischen arm und reich um so mehr zu weiten, als die Versuche der ärmeren Länder, sich aus der einseitigen Ausrichtung auf den Rohstoffexport zu lösen und zur Ausfuhr industrieller Erzeugnisse überzugehen, oft am Protektionismus der reicheren scheitern." (Ebenda.)

Im folgenden sollen die wichtigsten Erscheinungen der ökonomischen Entwicklung in den kapitalistischen Ländern, vor allem die unterschiedlichen Tendenzen der industriellen Produktion, die krisenhafte Situation auf den internationalen Rohstoffmärkten und die verlangsamte Zunahme des kapitalistischen Welthandels, dargestellt werden.

## *Anhaltend ungleichmäßige Entwicklungstendenz der Industrieproduktion*

### 1. USA

Die vierte Nachkriegskrise in den USA kann, gemessen an der Entwicklung der Industrieproduktion, insgesamt als überwunden betrachtet werden. Im Januar 1960 hatte der saisonbereinigte Index mit 111,0 (1957 = 100) das höchste Niveau der Industrieproduktion vor Beginn der Krise ausgewiesen. Nach 13 Monaten, im Februar 1961, wurde mit 102,1 der tiefste Stand in der Krise registriert. Seitdem steigt die Industrieproduktion der USA mit kurzen Unterbrechungen im September/Oktober 1961 sowie im Januar 1962 stetig, aber in immer geringerem Tempo an. In den 6 Monaten von Februar bis August 1961 nahm sie noch um 10,7 Prozent zu, in den folgenden 10 Monaten bis Juni 1962 (Indexstand: 117,9) nur noch um 4,3 Prozent. Im 1. Halbjahr 1962 betrug die durchschnittliche Steigerung von Monat zu Monat sogar nur noch 0,4 Prozent. Die Kräfte des nach der Krise relativ schnell anlaufenden Aufschwungs, an den die Monopolisten und die Kennedy-Regierung völlig unreale Erwartungen knüpften, haben sich erschöpft.

Die Ungleichmäßigkeit der kapitalistischen Entwicklung tritt in den USA, wo der Verlauf des Krisenzyklus wesentlich ausgeprägter ist als in anderen kapitalistischen Ländern, besonders stark in Erscheinung. Aus der nachfolgenden Aufstellung ist nicht nur ersichtlich, wie schwach der der Krise von 1960/61 folgende Aufschwung insgesamt war, sie zeigt auch, daß einige bedeutende Industriezweige den vor Beginn der Krise erreichten Höchststand der Produktion bisher noch immer nicht erreicht oder eben gerade überschritten haben.

Wohl wurde gegenüber dem tiefsten Niveau der Produktion in der Krise von 1960/61 eine teilweise beträchtliche Zunahme erreicht, aber verglichen mit dem Höchststand vor der Krise zeigen sich doch die wesentlichen Abweichungen, die insgesamt bis Juni 1962 ein Ansteigen der Produktion von nur 6,2 Prozent im Durchschnitt der gesamten USA-Industrie zur Folge hatte. Dabei tritt der allmählich chronisch werdende Krisenzustand der Eisen- und Stahlindustrie ebenso deutlich hervor wie die Tatsache, daß auch ein anderer Zweig der USA-Industrie, dessen Entwicklung nach aller Erfahrung den Verlauf des Krisenzyklus stark beeinflußt, die Automobilindustrie, die Krise noch nicht überwunden hat.

Ein „konjunkturelles Wachstum" ist eigentlich nur bei der Chemischen und Elektrotechnischen Industrie, der Energieerzeugung und dem Maschinenbau zu verzeichnen, so daß auch die Produktionsentwicklung die starke Labilität im allgemeinen Zustand der USA-Wirtschaft bestätigt.

Die Situation der USA-Wirtschaft zur Mitte des Jahres 1962 wurde von der „Neuen Zürcher Zeitung" (Nr. 196 vom 20. Juli 1962) als ein „seltsames Gemisch von gün-

| | Index der Industrie-produktion Juni 1962 (1957 = 100) | Juni 1962 gegenüber tiefstem Stand in der Krise (Prozent) | Juni 1962 gegenüber dem vor der Krise erreichten Höchststand (Prozent) |
|---|---|---|---|
| *Industrie gesamt* | *117,9* | *+15,5* | *+ 6,2* |
| Eisen- und Stahlindustrie | 77,6 | +21,4 | −35,0 |
| Maschinenbau | 115,4 | +21,2 | + 8,1 |
| Elektrotechn. Industrie | 130,8 | +24,6 | +11,3 |
| Automobilindustrie | 122,3 | +41,5 | − 4,1 |
| Chemische Industrie | 141,4 | +19,4 | +12,8 |
| Erdölförderung | 102,8 | + 4,7 | + 2,9 |
| Mineralölverarbeitung | 118,5 | +12,4 | + 3,3 |
| Gummi-Industrie | 134,0* | +39,9 | + 4,9 |
| Textilindustrie | 124,7 | +18,8 | + 3,7 |
| Nahrungsmittelindustrie | 114,5 | + 4,8 | + 4,3 |
| Papierindustrie | 119,5 | + 7,9 | + 6,4 |
| Energieerzeugung | 139,7* | +12,7 | +10,0 |

* Mai 1962.

stigen und ungünstigen Erscheinungen" bezeichnet. Von den Faktoren, die den Verlauf des Krisenzyklus am stärksten beeinflussen, geht eine starke Tendenz zur Hemmung eines weiteren wirtschaftlichen Wachstums aus. Die Investitionsentwicklung wird „enttäuschend" genannt. Insgesamt werden die privaten Brutto-Anlageinvestitionen für das Jahr 1962 auf 37,9 Milliarden Dollar geschätzt. Nach Angaben von USA-Wirtschaftsexperten müßten sich die Investitionen aber in diesem Jahr auf etwa 47 Milliarden Dollar belaufen, wenn sie nur die reale Größenordnung der Zeit vor der Krise 1957/58 erreichen wollten. Die Entwicklung der Investitionen wird aber gegenwärtig vor allem durch die in fast allen Bereichen vorhandenen Kapazitätsreserven gehemmt.

Zu den Indizien, die für das Ausbleiben einer neuen starken Zunahme der Investitionstätigkeit in der nächsten Zeit sprechen, gehört auch der Rückgang des Auftragseinganges für „dauerhafte Güter", der vier Monate lang bis einschließlich Mai 1962 festzustellen war. Schließlich bestätigt auch die Entwicklung der Lagerbestände in Industrie, Groß- und Einzelhandel, die sich Ende Mai auf 97,4 Milliarden Dollar beliefen, daß die Möglichkeiten für einen weiteren stetigen Aufschwung der USA-Wirtschaft zur Zeit recht gering sind. Noch zu Beginn des Jahres 1962 zählte eine mögliche Aufstockung der Lagerbestände zu den großen Hoffnungen der Monopolisten und Konjunkturforscher. Sie trat in gewissem Umfang auch ein, wurde aber von Monat zu Monat schwächer (Zunahme gegenüber dem Vormonat in Millionen Dollar):

| | | |
|---|---|---|
| 1962 | Januar | +630 |
| | Februar | +530 |
| | März | +300 |
| | April | +210 |
| | Mai | +170 |

Der Zuwachs im Mai war der geringste seit dem August 1961.

Auch die anhaltend hohe Arbeitslosigkeit weist auf die labile Situation der USA-Wirtschaft hin. In der offiziellen Statistik wurden für Ende Juni 1962 noch 4,46 Millionen Arbeitslose ausgewiesen. Diese Ziffer genügt jedoch keineswegs zur Beurteilung des wirklichen Ausmaßes der Arbeitslosigkeit in den USA, denn die große Zahl der versteckten bzw. ausgesteuerten Arbeitslosen ist darin nicht enthalten. Eine gewisse positive Wirkung auf die USA-Konjunktur geht gegenwärtig noch vom individuellen Verbrauch, von der Bautätigkeit sowie vom Export aus. Für Juni 1962 wird das Einkommen von Einzelpersonen, auf ein Jahr berechnet, mit 440,7 Milliarden Dollar angegeben, was gegenüber dem tiefsten Stand der Krise 1960/61 einer Zunahme um 9 Prozent entspricht. Der Aufschwung der Bautätigkeit zeigte sich in einer bis Mai 1962 ununterbrochenen Zunahme der Bauaufträge. Allerdings darf nicht außer acht gelassen werden, daß es sich bei der Steigerung sowohl des individuellen Verbrauchs als auch der privaten Bautätigkeit nur um Folgen des Aufschwungs handelt, nicht aber um Prozesse, die den Verlauf des Krisenzyklus maßgeblich beeinflussen können.

Tabelle 1 zeigt die Veränderungen der Industrieproduktion der USA gegenüber der gleichen Zeit des Vorjahres. Dabei ist die starke Abnahme des Wachstumstempos in der Eisen- und Stahlindustrie besonders auffällig.

*Tabelle 1*

Entwicklung der Industrieproduktion der USA
(Veränderung gegenüber der gleichen Vorjahreszeit in Prozent)

| | 1961 | | 1962 | |
|---|---|---|---|---|
| | III. Quartal | IV. Quartal | I. Quartal | II. Quartal |
| *Industrie gesamt* | *+ 3,5* | *+ 8,9* | *+ 12,1* | *+ 8,8* |
| Eisen- und Stahlindustrie | +21,4 | +35,7 | +49,8 | + 2,2 |
| Maschinenbau | — 1,1 | + 5,2 | +10,5 | +13,4 |
| Elektrotechnische Industrie | + 4,2 | +12,3 | +14,5 | +14,7 |
| Automobilindustrie | — 5,2 | + 8,0 | +31,6 | +17,2 |
| Chemische Industrie | + 6,7 | +11,7 | +13,5 | +10,3 |
| Erdölförderung | + 0,9 | + 2,4 | + 2,0 | + 1,8 |
| Mineralölverarbeitung | + 0,7 | + 3,9 | + 5,0 | + 4,5 |
| Gummi-Industrie | + 6,9 | +16,3 | +22,1 | +17,2* |
| Textilindustrie | + 2,5 | +10,6 | +12,3 | + 8,5 |
| Nahrungs- und Genußmittelindustrie | + 3,9 | + 5,0 | + 4,8 | + 3,0 |
| Papierindustrie | + 3,8 | + 5,5 | + 6,7 | + 4,5 |
| Energieerzeugung | + 6,9 | + 8,8 | + 9,6 | + 7,1* |

* Jeweils nur April und Mai.

Quelle: Federal Reserve Statistical Release, Business Indexes, Washington, laufend.

Selbst amerikanische Wirtschaftsjournalisten sehen sich genötigt, die Labilität der gesamten USA-Wirtschaft einzugestehen. PETER DREYER gab kürzlich („Handelsblatt" Nr. 175 vom 12. 9. 62) die Länge der „Wiederaufstiegsperiode" nach der Krise von 1948/49 mit 45 Monaten, nach der Krise 1953/54 mit 35 Monaten und nach der Krise 1957/58 mit 25 Monaten an. Seit dem Tiefpunkt der Krise von 1960/61 seien (bis zum August 1962) erst 17 Monate vergangen und schon bestehe die Möglichkeit einer baldigen erneuten Krise. Auch das Wachstumstempo des „Bruttosozialprodukts" sei immer schwächer geworden. Für die Zeit nach den vier genannten Krisen wird es mit 27 bzw. 13,4 bzw. 11,7 bzw. 10,6 Prozent angegeben. Auch einige andere Faktoren der wirtschaftlichen Entwicklung der USA deuten nach Ansicht des Autors darauf hin, daß sich die Möglichkeiten für ein Wachstum nach den Krisen, die in immer kürzeren

Abständen aufbrechen, mehr und mehr verringern (Entwicklung in den ersten 17 Monaten nach der jeweiligen Krise gegenüber dem tiefsten Stand der Krise in Prozent):

| | 1948/49 | 1953/54 | 1957/58 | 1960/61 |
|---|---|---|---|---|
| Umsätze | +34,7 | +15,5 | +15,4 | +11,3 |
| Löhne und Gehälter | +26,4 | +12,9 | +11,0 | + 9,9 |
| Arbeitslosigkeit | −46,5 | −29,7 | −23,9 | −23,0 |

Über die Tendenz der USA-Wirtschaft, soweit darüber für die nächste Zeit eine Prognose gestellt werden kann, gehen selbst unter den führenden Managern der Monopole und des Staates die Meinungen ziemlich auseinander. Der Vorsitzende des Federal Reserve Board, Martin, erwartet keine neue Krise, sondern hält ein stark differenziertes weiteres leichtes Wachstum der USA-Wirtschaft für wahrscheinlich. Dagegen äußerte der Vizepräsident der Chase Manhattan Bank, Butler, die USA befänden sich im letzten Stadium eines Konjunkturanstiegs und die 5. Nachkriegskrise stehe bevor.

Eine reale Einschätzung der gegenwärtigen Situation darf nicht wie bei den Repräsentanten der USA von Zweckoptimismus oder -pessimismus bestimmt sein, je nachdem, welche Stellung zu den jeweils diskutierten wirtschaftspolitischen Forderungen bestimmter Monopole oder Gruppen eingenommen wird. Sie muß davon ausgehen, daß die USA-Wirtschaft zwar die höchstentwickelte unter allen kapitalistischen Wirtschaften ist, daß sie aber auch den höchsten Grad der Militarisierung aufweist, was sich schon im ganzen letzten Jahrzehnt als das Haupthemmnis für eine schnellere Entwicklung erwiesen hat. Da die Kennedy-Regierung den Kurs der ständigen Steigerung der Rüstungsausgaben weitersteuert, scheint es am wahrscheinlichsten, daß die USA-Wirtschaft ihren bisherigen Rhythmus von Krisen und nachfolgenden sich tendenziell verkürzenden Aufschwüngen fortsetzen wird. Staatsmonopolistische „Spritzen" (z. B. Abschreibungserleichterungen, um die Investitionen zu beschleunigen) können zwar zeitweilig gewisse Wirkungen haben. Prinzipiell vermögen sie am Verlauf des Krisenzyklus in den USA ohnehin nichts zu ändern.

## 2. Westeuropa

Die wirtschaftliche Entwicklung in diesem Teil des imperialistischen Machtbereichs war im 1. Halbjahr 1962 vor allem durch eine Fortdauer des Wachstums in den EWG-Ländern und durch die anhaltende Stagnation in Großbritannien gekennzeichnet.

In den meisten westeuropäischen Ländern stellt gegenwärtig die noch steigende individuelle Konsumtion eine wesentliche Stütze für die anhaltende Konjunktur dar. Dies zeigt, wie problematisch die ökonomische Situation dieser Länder ist, da es bisher keine Anzeichen für eine erneute starke Zunahme der Investitionen gibt, wie sie in Westdeutschland beispielsweise für die Jahre 1951 (+ 33 Prozent), 1955 (+ 26 Prozent) und 1960 (+ 24 Prozent) festzustellen war. Da die Erneuerung des fixen Kapitals eine der wesentlichen Voraussetzungen für den Beginn eines neuen Aufschwungs ist, dürfte in nächster Zeit kaum mit einer Zunahme des allgemeinen Wachstumstempos gerechnet werden. Wenn gegenwärtig die wirtschaftliche Entwicklung der kapitalistischen Länder Westeuropas überhaupt noch eine ansteigende Linie zeigt, so ist dies auf die Wirkungen der bisherigen Konjunktur zurückzuführen, ohne daß sich bisher die Kräfte gezeigt hätten, die einen neuen Aufschwung herbeiführen müßten.

Die starke Steigerung der Staatsausgaben, vor allem der Rüstungsausgaben, hat auch nur begrenzte Wirkungen für die Gesamtentwicklung, die einerseits für eine gewisse Zeit stimuliert werden kann, andererseits jedoch dadurch gehemmt wird, daß der jeweiligen Volkswirtschaft ein wachsender Teil des Nationaleinkommens entzogen wird.

Soweit der Außenhandel gegenwärtig die Konjunktur noch positiv beeinflußt, handelt es sich überwiegend um eine Steigerung des Handels zwischen den Industrieländern Westeuropas.

*a) Die EWG-Staaten*

Das relativ schnelle wirtschaftliche Wachstum, das einige jener Länder in den letzten Jahren aufwiesen, die sich im Jahre 1957 zur „Europäischen Wirtschafts-Gemeinschaft" zusammenschlossen, erfordert die Analyse der Möglichkeiten, die sich aus dem Zustandekommen der EWG für eine Beschleunigung der wirtschaftlichen Entwicklung ergeben. Da in diesen Ländern umfassende zyklische Krisen bisher ausblieben, ist damit zugleich die Frage verbunden, inwieweit die EWG-„Integration" auch auf den Verlauf des Krisenzyklus einwirken kann.

Während der ersten etwa zehn Jahre nach dem Ende des zweiten Weltkrieges wurde die wirtschaftliche Entwicklung in den heutigen EWG-Ländern durch eine Reihe von besonderen Faktoren beeinflußt, die sich vor allem aus der Tatsache ergaben, daß diese Länder den Krieg und seine Folgen mehr oder weniger stark zu spüren bekommen hatten. Die Wirksamkeit dieser Faktoren ließ in der zweiten Hälfte des vorigen Jahrzehnts stark nach. Gegenwärtig sind sie für die Konjunktur kaum noch von Bedeutung, dagegen trug die EWG-„Integration" beträchtlich zur Aufrechterhaltung eines nennenswerten wirtschaftlichen Wachstumstempos bei.

Zwar kann die „Integration" niemals zu einer harmonischen Entwicklung der Wirtschaft der beteiligten Länder führen, denn die Gesetzmäßigkeiten des kapitalistischen Systems lassen sich dadurch nicht überwinden; aber sie kann zeitweilig die Erweiterung der Produktion sowie des Binnen- und Außenhandels fördern.

Die Auswirkungen des EWG-„Integration" auf die beteiligten Länder können durchaus unterschiedlich sein. Es gibt keineswegs eine Art Garantie, daß nun alle die gleichen Vorteile genießen würden. Die Entwicklung der letzten Jahre hat gezeigt, daß vor allem Frankreich und Italien bisher den größten Nutzen aus der Bildung der EWG gezogen haben, während die westdeutschen Monopole zwar nach wie vor, was die ökonomische Potenz betrifft, in der EWG an erster Stelle stehen, jedoch auf verschiedenen Gebieten gegenüber ihren Konkurrenten (auch gegenüber denen in der EWG) etwas an Boden verloren haben. Diese Feststellung gilt für die Entwicklung des Exports, vor allem des Exports in andere EWG-Länder; sie gilt für das Wachstum der Arbeitsproduktivität und seit einiger Zeit auch für das Zuwachstempo der Industrieproduktion.

Die Bildung der EWG kann die weiterhin disproportionale Entwicklung der kapitalistischen Wirtschaft in den Mitgliedsländern nicht verhindern. Als Beispiel dafür mag die Eisen- und Stahlindustrie dienen, deren Kapazitäten wie bisher auch in den kommenden Jahren so ausgebaut werden sollen, als seien der Produktion keinerlei Schranken gesetzt. Die Rohstahlkapazität der EWG-Länder, die für 1962 mit 83,2 Millionen Tonnen angegeben wird (bei einer Produktion von 73,3 Millionen Tonnen im Jahre 1961; die Produktion dieses Jahres wird den Vorjahresstand aller Voraussicht nach nicht erreichen), soll bis 1965 auf 98,9 Millionen Tonnen vergrößert werden. Dadurch wird eine bedeutende Überkapazität geschaffen, deren Existenz sich früher oder später auch auf den Krisenzyklus der EWG-Länder auswirken muß, die vorerst noch von den ersten unmittelbaren Folgen der Schaffung eines „Gemeinsamen Marktes" profitieren. Niemand vermag zu sagen, wie lange die wirtschaftliche Entwicklung in den EWG-Ländern auf diese Weise beschleunigt werden kann.

Westdeutschland

Die wirtschaftliche Entwicklung in Westdeutschland war im 1. Halbjahr 1962 durch eine weitere relativ langsame und stark differenzierte Zunahme der Industrieproduktion gekennzeichnet, wozu vor allem der gesteigerte Absatz auf dem Binnenmarkt beigetragen hat. Der Export vermag seit etwa einem Jahr keine wesentlichen Impulse für eine Beibehaltung des Expansionstempos der westdeutschen Wirtschaft mehr zu geben. Der verschärfte internationale Konkurrenzkampf hat nicht nur zu einer Verlangsamung der Exportsteigerung, sondern auch zu einer beschleunigten Zunahme des Imports geführt. Im 1. Halbjahr 1961 wurden Waren im Werte von 25,0 Milliarden Mark exportiert und im Werte von 21,4 Milliarden Mark importiert. Der Exportüberschuß betrug noch 3,6 Milliarden Mark. Im 1. Halbjahr 1962 mit Exporten für 25,9 Milliarden Mark (+ 3,1 Prozent) und Importen für 24,3 Milliarden Mark (+ 13,3 Prozent) sank der Exportüberschuß auf 1,6 Milliarden Mark. Er wurde allerdings durch eine zollstatistische Veränderung (Verwandlung der bisherigen „Zollvormerklager" in „Zollaufschublager", deren Bestände nun als bereits importiert gelten) im 1. Halbjahr 1962 statistisch um 465 Millionen Mark vermindert. Ungeachtet dessen muß die von den westdeutschen Monopolen seit mehr als einem Jahrzehnt betriebene Exportexpansion jetzt praktisch als beendet betrachtet werden.

Von den Faktoren, die gegenwärtig noch den Absatz auf dem Binnenmarkt fördern, muß vor allem das weitere Ansteigen der individuellen Konsumtion und die fortgesetzte Erhöhung der Staatsausgaben genannt werden. Dagegen wiesen die Investitionen im 1. Halbjahr 1962 nur noch ein reales Wachstum von weniger als 5 Prozent auf, wenngleich das anhaltend hohe Niveau der Investitionen und ihr großer Anteil am Nationalprodukt (der Anteil der Brutto-Anlageinvestitionen am „Bruttosozialprodukt" betrug 1961 in Westdeutschland 25,1 Prozent) zunächst auch eine gewisse Stützung der Konjunktursituation bewirken können.

Die Entwicklung der westdeutschen Industrieproduktion ist in Tabelle 2 im einzelnen dargestellt. Dabei ist es für die gegenwärtige Situation besonders kennzeichnend, daß die stark differenzierte Entwicklung nicht nur zwischen den einzelnen Industriezweigen, sondern auch innerhalb der wichtigsten Zweige vorhanden ist.

Einen gewissen Anhaltspunkt für die Wirtschaftsentwicklung Westdeutschlands in den nächsten Monaten vermitteln die Auftragseingänge der Industrie (Veränderung gegenüber dem gleichen Monat des Jahres 1961 in Prozent):

| | | Aufträge insgesamt | Inlandsaufträge | Auslandsaufträge |
|---|---|---|---|---|
| 1962 | Januar | −0,9 | + 0,5 | −7,6 |
| | Februar | +0,2 | + 1,3 | −4,3 |
| | März | −0,7 | − 1,8 | +4,0 |
| | April | +0,4 | + 5,1 | +2,1 |
| | Mai | +9,7 | +11,1 | +4,3 |
| | Juni | +1,0 | + 2,7 | −5,8 |
| | Juli | +3,5 | + 5,9 | −6,5 |

Diese Ziffern deuten darauf hin, daß im besten Falle ein weiteres Wachstum der Produktion von geringem Tempo zu erwarten ist, selbst wenn man berücksichtigt, daß in einigen Industriezweigen noch beachtliche Auftragsbestände vorhanden sind.

Die wirtschaftliche Entwicklung in Westdeutschland ist ferner durch ein Fortbestehen des Bedarfs an Arbeitskräften gekennzeichnet. Die beabsichtigte Vergrößerung der Bundeswehr verstärkt diese Erscheinung, die auch durch die Anwerbung von bisher mehr als einer halben Million ausländischer „Gastarbeiter" nicht aus-

*Tabelle 2*

Entwicklung der Industrieproduktion Westdeutschlands
(Veränderung gegenüber der gleichen Vorjahreszeit in Prozent)

| | 1961 | | 1962 | |
|---|---|---|---|---|
| | III. Quartal | IV. Quartal | I. Quartal | II. Quartal |
| *Industrie gesamt* | *+ 3,6* | *+ 4,2* | *+ 1,7* | *+ 4,9* |
| Kohlenbergbau | − 1,0 | + 2,4 | − 0,6 | − 0,4 |
| Erzbergbau | + 1,6 | − 0,6 | − 7,7 | −11,1 |
| Eisen- und Stahlerzeugung | − 5,2 | − 6,2 | − 7,5 | − 3,2 |
| Chemische Industrie | + 4,5 | + 7,6 | + 8,0 | +13,3 |
| (Chemiefasererzeugung) | (+12,8) | (+24,0) | (+29,5) | (+37,2) |
| Mineralölverarbeitung | +23,5 | + 9,4 | + 7,9 | +14,7 |
| Maschinenbau | + 8,5 | + 7,0 | + 2,8 | + 1,5 |
| Fahrzeugbau | + 2,2 | + 0,9 | + 0,8 | + 4,9 |
| Schiffbau | − 6,3 | − 4,6 | − 6,8 | − 4,3* |
| Elektrotechnische Industrie | + 4,6 | + 6,1 | + 2,1 | + 3,5 |
| Feinmechanische und optische Industrie | − 5,9 | + 2,1 | − 0,6 | − 3,7* |
| Textilindustrie | − 5,0 | − 0,1 | + 0,6 | + 1,5 |
| Bekleidungsindustrie | +10,1 | + 8,1 | + 5,8 | + 7,6* |
| Nahrungs- und Genußmittelindustrie | + 5,1 | + 4,0 | + 1,9 | + 6,4 |
| Bauhauptgewerbe | + 6,2 | + 7,1 | − 8,6 | + 7,6 |
| Industrie der Steine und Erden | + 7,2 | + 7,4 | − 6,7 | + 6,5 |

* Jeweils nur April und Mai.

Quelle: Der Bundesminister für Wirtschaft, Bonn, Die wirtschaftliche Lage in der Bundesrepublik Deutschland, 2. Vierteljahr 1962, S. 8/9.

geglichen werden konnte. Die gegenwärtige Arbeitskräftesituation in Westdeutschland kann für den Verlauf des Krisenzyklus ganz verschiedene Auswirkungen haben: Einerseits wären die in den Jahren des Aufschwungs angesammelten Auftragsbestände viel schneller abgebaut worden, wenn die Zahl der Arbeiter hätte nennenswert vergrößert werden können (was unter Umständen zunächst zu einer Beschleunigung des Aufschwungs, danach aber zu vermehrten Krisenerscheinungen in der Gegenwart geführt hätte); andererseits ist der Mangel an Arbeitskräften für die westdeutschen Monopole insofern von Nachteil, als er zu einem Fortbestehen der teilweise noch vorhandenen langen Lieferfristen (insbesondere bei Produktionsmitteln) beiträgt und auf diese Weise ihre Konkurrenzfähigkeit beeinträchtigt.

In der letzten Zeit verstärkten sich die Auseinandersetzungen, die in Westdeutschland um ein wirtschaftspolitisches Konzept zur „Stabilisierung" der Konjunktur im Gange sind. Auch diese Bemühungen können jedoch das „Wirtschaftswunder" nicht künstlich am Leben erhalten. Die „Neue Zürcher Zeitung" (Nr. 198 vom 22. Juli 1962) ließ sich darüber folgendermaßen aus:

„Was immer an sachlich Richtigem und Unrichtigem dahinter stecken mag — in der öffentlichen Meinung inner- und außerhalb der westdeutschen Grenzen hat die Ansicht Fuß zu fassen begonnen, daß des Wirtschaftsministers bisher in Deutschland erprobtes wirtschafts- und gesellschaftspolitisches Konzept erschüttert worden und wahrscheinlich noch vor seiner Vollendung zum Mißerfolg verurteilt sei. Im Ausland gefallen sich besonders die Angelsachsen darin, den Anfang vom Ende des deutschen ‚Wirtschaftswunders' zu verkünden."

Frankreich

In Frankreich hatte die im Jahre 1958 durchgeführte Stabilisierung der Währung einerseits zu einer Senkung des Lebensstandards der Werktätigen geführt, andererseits zu einer Beschleunigung des wirtschaftlichen Wachstums beigetragen. Die Zunahme der Industrieproduktion hat im 1. Halbjahr 1962 angehalten (siehe Tabelle 3), die Zuwachsraten sind jedoch in den letzten Monaten stark abgesunken. Die Investitionsabsichten haben vor allem bei den mittleren und kleinen Unternehmen nachgelassen, ebenso der Auftragseingang, wie sich auch am Rückgang der Genehmigungen für den Neubau von Wohnungen zeigt. Zugleich vergrößert sich das Angebot an Arbeitskräften über den gegenwärtigen Bedarf hinaus, insbesondere im Zusammenhang mit der Einwanderung einiger hunderttausend Algerien-Franzosen und in Auswirkung der französischen Landwirtschaftspolitik, die zur Landflucht einer großen Zahl ehemaliger Bauern und Landarbeiter führt.

*Tabelle 3*

Entwicklung der Industrieproduktion Frankreichs
(Veränderung gegenüber der gleichen Vorjahreszeit in Prozent)

| | 1961 | | 1962 | |
|---|---|---|---|---|
| | III. Quartal | IV. Quartal | I. Quartal | II. Quartal |
| *Industrie gesamt* | *+ 3,3* | *+ 5,9* | *+ 6,4* | *+ 6,9* |
| Energieerzeugung | + 6,1 | + 7,9 | + 9,5 | + 8,6 |
| Bergbau | − 4,0 | + 1,1 | − 2,0 | + 0,8 |
| Eisen- und Stahlindustrie | + 1,1 | − 3,9 | − 6,9 | − 4,4* |
| Automobilindustrie | −14,1 | − 2,4 | + 9,1 | +12,2* |
| Elektrotechnische Industrie | + 8,9 | +14,0 | + 8,9 | + 9,5* |
| Chemische Industrie | − 1,2 | +10,6 | +17,6 | +19,3 |
| Textilindustrie | + 2,1 | + 3,0 | + 2,3 | + 2,1 |

* Nur jeweils April/Mai.

Quelle: Bulletin Mensuel de Statistique, Paris, laufend.

Die gegenwärtige französische Regierung versucht, die Hochkonjunktur sowohl durch eine „geschmeidige Planung" (wie sie sich in dem Anfang dieses Jahres in Kraft getretenen auf 4 Jahre befristeten sogenannten „Vierten Plan zur wirtschaftlichen und sozialen Entwicklung Frankreichs" zeigt) als auch durch staatsmonopolistische Mittel zur Investitionsförderung zu erhalten. Was von solchen Plänen in kapitalistischen Ländern zu halten ist, zeigt die gegenwärtige Situation in der französischen Eisen- und Stahlindustrie, deren Rohstahlproduktion bis 1965 auf 24,5 Millionen Tonnen (das sind 39 Prozent mehr als 1961) ansteigen soll. Die Stahlkonzerne hatten angenommen, daß sie die Krisenerscheinungen, die im Jahre 1961 auch in der französischen Eisen- und Stahlindustrie eintraten, schneller als ihre westdeutschen Konkurrenten überwinden würden. Diese Annahme hat sich bisher nicht bestätigt.

Um die Investitionen wieder zu beschleunigen, wurden den Monopolen Abschreibungserleichterungen zugestanden und Maßnahmen zur Verbilligung der Investitionskredite getroffen. Wenn auch bezweifelt werden muß, daß solche staatsmonopolistischen Hilfen von insgesamt relativ geringem Umfang wesentliche Auswirkungen auf den Verlauf der Konjunktur haben, so ist andererseits zunächst nicht mit einer prinzipiellen Umkehr der wirtschaftlichen Entwicklungstendenz in Frankreich zu rechnen.

### Italien

Die italienische Wirtschaft weist, wenn man sich für eine überschlägige Betrachtung mit den Daten der Entwicklung der Industrieproduktion begnügt, die Merkmale einer anhaltenden Hochkonjunktur auf. In keinem anderen kapitalistischen Land (Japan ausgenommen) war das Wachstumstempo während der letzten Jahre so hoch wie in Italien: Die industrielle Produktion lag 1961 um 40 Prozent über dem Niveau des Jahres 1958, die durchschnittliche jährliche Zuwachsrate betrug fast 12 Prozent.

*Tabelle 4*

Entwicklung der Industrieproduktion in Italien
(Veränderung gegenüber der gleichen Vorjahreszeit in Prozent)

| | 1961 | | 1962 |
|---|---|---|---|
| | III. Quartal | IV. Quartal | I. Quartal |
| *Industrie gesamt* | *+ 8,4* | *+12,7* | *+11,9* |
| Metallurgie | + 8,6 | + 7,9 | + 6,7 |
| Chemische Industrie | +10,7 | +21,3 | +19,9 |
| Maschinenbau | +11,0 | +11,8 | +13,0 |
| Fahrzeugbau | +12,1 | +25,3 | +22,0 |
| Elektrotechnische Industrie | +14,8 | +53,8 | +14,1 |
| Textilindustrie | ±0 | + 1,1 | + 6,1 |

Quelle: Bollettino Mensile di Statistica, Rom, laufend.

Auch in Italien beginnt jedoch dieses Tempo nachzulassen. Im I. Quartal 1962 stieg die Industrieproduktion gegenüber der gleichen Vorjahreszeit noch um 11,9 Prozent, im Juni nur noch um 7,1 Prozent. Dabei ist das Tempo der industriellen Entwicklung in den entscheidenden Zweigen, von der Metallurgie und der Textilindustrie abgesehen, jedoch relativ einheitlich (Tabelle 4). Inzwischen ist ein Nachlassen des Auftragseingangs für Produktionsmittel eingetreten, was auf ein allmähliches Erlahmen des noch immer andauernden Investitions„booms" hindeutet. Die gegenwärtige Hochkonjunktur wird aber auch von einer nach wie vor kräftigen Exportexpansion getragen (die Ausfuhr stieg im 1. Halbjahr 1962 um 16,2 Prozent, die Einfuhr nur um 11,3 Prozent). Darüber hinaus sollen staatsmonopolistische Investitionsprogramme ebenfalls für eine Fortdauer der Konjunktur sorgen. Bis 1965 soll die Rohstahlkapazität gegenüber 1961 um 68 Prozent, die Kapazität der Mineralölraffinerien um 96 Prozent und die Kapazität der Zementfabriken um 50 Prozent vergrößert werden. Dagegen verschlechtert sich die Lage des Schiffbaus auch in Italien seit einigen Jahren zunehmend. Hier sieht die „Perspektive" den Abbau eines wesentlichen Teils der vorhandenen Kapazität und die Entlassung der Beschäftigten dieser italienischen Werften vor.

### *b) Großbritannien*

Das Hauptkennzeichen der gegenwärtigen Situation der britischen Wirtschaft ist unverändert die schon seit einigen Jahren anhaltende Stagnation, die nur 1959/60 durch eine kurze Belebung unterbrochen wurde. Die Industrieproduktion verharrt im Durchschnitt auf dem jeweiligen Vorjahresstand. In der Eisen- und Stahlindustrie sowie in der Textilindustrie gibt es besonders ausgeprägte Krisenerscheinungen (Tabelle 5). Im Frühjahr dieses Jahres schien sich eine gewisse Zunahme der Produktion anzubahnen, die jedoch inzwischen wieder ins Stocken geraten ist, da der Auftragseingang zu gering ist, um die vorhandenen Kapazitäten auch nur annähernd auszunutzen. Schätzungen über die ungefähre Höhe der Investitionen im laufenden Jahr haben geringere Summen ergeben als noch vor einigen Monaten. Es wird nun erwartet, daß sie um mindestens 5 Prozent niedriger sein werden als 1961. Für das Jahr 1963 wird schon jetzt mit einem Rückgang von 10 Prozent gegenüber 1962 gerechnet.

*Tabelle 5*

Entwicklung der Industrieproduktion Großbritanniens

(Veränderung gegenüber der gleichen Vorjahreszeit in Prozent[1])

| | 1961 | | 1962 | |
|---|---|---|---|---|
| | III. Quartal | IV. Quartal | I. Quartal | II. Quartal |
| *Industrie gesamt* | *+2,1* | *+ 0,3* | *+ 0,3* | *+0,9* |
| Bergbau | +0,8 | + 0,7 | + 3,1 | +2,1 |
| Energieerzeugung | +2,5 | + 6,5 | +11,3 | +7,6 |
| Chemische Industrie | −0,6 | + 0,5 | + 0,8 | +3,2[2] |
| Maschinenbau[3] | +9,5 | + 4,9 | + 4,5 | +1,1 |
| Schiffbau | +1,6 | + 4,0 | + 2,3 | +3,1 |
| Fahrzeugbau | −7,4 | − 4,0 | + 1,5 | −1,1 |
| Eisen- und Stahlindustrie | −8,3 | −12,0 | − 9,5 | −6,9 |
| Papier- und Druckerei-Industrie | ±0 | − 3,7 | − 3,9 | +2,7 |
| Textilindustrie | −2,3 | − 5,7 | − 3,6 | −4,0 |
| Nahrungs- und Genußmittel-industrie | +3,5 | + 1,8 | + 1,6 | +2,7[2] |

[1] Berechnet aus monatlichen Indexziffern ohne Kommastelle.
[2] Jeweils nur April und Mai.
[3] Hierbei handelt es sich um die Position „engineering and electrical goods", die die elektrotechnische Industrie einschließt.

Quelle: Monthly Digest of Statistics, London, laufend.

Die Stahlkapazität ist nur zu 75 Prozent ausgenutzt. Der Abbau der überhöhten Lagerbestände hat sich nicht fortgesetzt, wodurch die Entwicklung der Produktion ebenfalls gehemmt wird. Die amtlich ausgewiesene Zahl der Arbeitslosen war im Juni 1962 mit 432000 um 44 Prozent größer als im Juni 1961 und erreichte den höchsten Stand seit mehr als drei Jahren.

Die Entwicklung des britischen Außenhandels bietet ebenfalls wenig Anlaß zu der Annahme, daß er zu einer Steigerung der Produktion beitragen könnte. Der Export nahm im 1. Halbjahr 1962, verglichen mit dem 1. Halbjahr 1961, um nur 2,3 Prozent zu, der Import stagnierte (−0,7 Prozent). In dieser Situation finden in Brüssel die Verhandlungen über einen Beitritt Großbritanniens zur EWG statt. Die britischen Positionen sind vor allem durch den Widerstand nahezu des gesamten „Commonwealth" bestimmt, dessen Staaten für ihre Volkswirtschaften erhebliche Nachteile erwarten, wenn Großbritannien der EWG beitreten sollte. Der Widerstand gegen diesen beabsichtigten Schritt der britischen Regierung kommt auch aus Großbritannien selbst. Neben allen fortschrittlichen Kräften sind jene Teile des britischen Bürgertums gegen den Beitritt zur EWG, die dadurch eine Schwächung der britischen Konkurrenzfähigkeit und einen wachsenden ökonomischen und damit in der Konsequenz auch politischen Einfluß der aggressivsten EWG-Monopole in Großbritannien befürchten.

Insgesamt ist für die nächste Zeit ein Fortbestehen der sehr labilen Lage der britischen Wirtschaft zu erwarten, selbst wenn man berücksichtigt, daß die Krise der britischen Währung gegenwärtig weniger akut ist als vor Jahresfrist und daß die Zahlungsbilanzsituation sich sogar leicht gebessert hat.

### 3. Japan

Von allen kapitalistischen Ländern wies Japan in den letzten Jahren das mit Abstand größte wirtschaftliche Wachstumstempo auf. Seit der Stagnation 1958 gegenüber 1957 stieg die japanische Industrieproduktion bis 1961 um 90 Prozent. Im Jahre 1961 betrug die Steigerung 21,7 Prozent. Das Hauptmerkmal der Entwicklung in der ersten Hälfte des Jahres 1962 ist jedoch eine beträchtliche Verlangsamung des Aufschwungs, die als rapide Verringerung der Zuwachsraten in Erscheinung trat (Tabelle 6). Besonders auffällig ist dabei die ständige Verminderung des Wachstumstempos der Produktion in der Eisen- und Stahlindustrie bis zu einem absoluten Rückgang im Juni 1962. Die Stahlproduktion zeigt jetzt die ersten Anzeichen von Überproduktion, was die 10 führenden Stahlwerke veranlaßte, über einen „Ausbaustop" zu beraten. Es ist bekannt geworden, daß die japanische Rohstahlkapazität bis 1965 auf fast 58 Millionen Tonnen anwachsen wird, wenn alle Investitionsvorhaben unvermindert ausgeführt werden. Die voraussichtliche Produktion wird jedoch nur auf 35–40 Millionen Tonnen geschätzt. Selbst wenn aber von 1963 an keine neuen Investitionen mehr vorgenommen werden, ist 1965 eine Kapazität von 46 Millionen Tonnen, also eine Überkapazität von 6–11 Millionen Tonnen, zu erwarten. So zeigen sich auch in Japan die ersten Anzeichen chronischer kapitalistischer Krisenerscheinungen.

Der Aufschwung der japanischen Wirtschaft, der durch staatsmonopolistische Maßnahmen kräftig unterstützt wurde, hat das Einströmen ausländischen Kapitals, das in Japan infolge des dort relativ niedrigen Lebensstandards besonders günstige Verwertungsbedingungen vorzufinden hofft, begünstigt und den Aufschwung noch mehr beschleunigt. In den beiden letzten Haushaltsjahren (jeweils 1.4.–31. 3.) hatte der Kapitalzustrom folgenden Umfang:

1960/61 212 Mio. Dollar
1961/62 628 Mio. Dollar

Zugleich nahm auch die Einfuhr von Waren schneller zu als die Ausfuhr (Veränderung gegenüber dem gleichen Zeitraum des Vorjahres in Prozent):

| | Export | Import |
|---|---|---|
| 1961 1. Halbjahr | +6,4 | +23,1 |
| 2. Halbjahr | +2,9 | +35,6 |

Der Einfuhrüberschuß stieg von 436,6 Millionen Dollar im Jahre 1960 auf 1574,8 Millionen Dollar im Jahre 1961. Dadurch trat eine beträchtliche Verschlechterung der japanischen Zahlungsbilanz ein.

Die herrschenden Kräfte des japanischen Imperialismus unternehmen gegenwärtig große Anstrengungen, um aus den Zahlungsbilanzschwierigkeiten herauszukommen, die sich nur beheben lassen, wenn das Verhältnis der Ausfuhr zur Einfuhr wesentlich zugunsten der Ausfuhr verbessert wird, da sonst das allgemeine wirtschaftliche Wachstumstempo noch weiter absinken würde. Die Entwicklung des japanischen Außenhandels im 1. Halbjahr 1962 zeigt, daß insbesondere die Bemühungen um eine Steigerung des Exports bereits einen gewissen Erfolg hatten. Der Import stieg gegen-

*Tabelle 6*

Entwicklung der Industrieproduktion Japans

(Veränderung gegenüber der gleichen Vorjahreszeit in Prozent[1])

| Industriezweig | 1961 | | 1962[2] | | | | |
|---|---|---|---|---|---|---|---|
| | III. Quartal | IV. Quartal | I. Quartal | II. Quartal | April | Mai | Juni |
| *Industrie gesamt* | *+22,4* | *+21,7* | *+17,3* | *+13,1* | *+15,1* | *+12,7* | *+10,0* |
| Energieerzeugung | +15,7 | +14,4 | +11,7 | + 7,1 | + 7,9 | + 6,8 | + 7,4 |
| Bergbau | + 6,0 | + 6,4 | + 7,1 | + 9,4 | + 9,1 | + 9,9 | + 9,3 |
| Eisen- und Stahlindustrie | +26,7 | +25,5 | +19,0 | + 1,8 | + 7,5 | + 1,1 | — 2,8 |
| Maschinenbau | +35,3 | +28,6 | +24,2 | +11,6 | +13,9 | +12,5 | + 8,5 |
| Elektrotechnische Industrie | +33,5 | +34,7 | +27,5 | +23,3 | +31,7 | +22,8 | +17,1 |
| Transportmittelindustrie[3] | +48,4 | +53,2 | +35,8 | +29,3 | +35,0 | +31,4 | +23,9 |
| (Schienenfahrzeuge) | | (+28,4) | (+33,9) | (+40,3) | (+40,0) | (+33,5) | (+47,2) |
| (Landfahrzeuge) | | (+56,2) | (+35,5) | (+30,5) | (+33,9) | (+33,3) | (+24,8) |
| Chemische Industrie | +13,1 | +11,6 | +11,9 | + 9,2 | + 7,4 | + 7,0 | + 6,8 |
| Papierindustrie | +18,0 | +16,3 | + 7,1 | + 5,5 | + 4,4 | + 5,0 | + 7,2 |
| Textilindustrie | + 7,8 | + 7,8 | + 5,7 | + 6,0 | + 7,7 | + 5,6 | + 4,6 |
| (Chemiefasern) | • | (+20,9) | (+15,0) | (+24,9) | (+14,7) | (+11,9) | (+ 7,6) |
| Nahrungsmittelindustrie | +10,0 | + 1,0 | + 3,9 | + 7,6 | — 2,0 | + 7,8 | + 3,6 |
| Tabakindustrie | + 7,8 | + 6,4 | — 1,7 | +10,2 | + 7,3 | + 9,7 | +13,4 |

[1] Berechnet aus dem Index der industriellen Nettoproduktion (1955 = 100).

[2] Überwiegend nach vorläufigen Angaben berechnet.

[3] Dieser Industriezweig umfaßt auch die Schiffbauindustrie, für die jedoch nur sehr überschlägige Indexzahlen ausgewiesen werden.

Quelle: Japanese Economic Statistics, Tokio, laufend; Economic Statistics Monthly, Tokio, laufend.

über dem 1. Halbjahr 1961 nur noch um 7,2 Prozent, aber der Export wurde um 13,4 Prozent vergrößert, wobei auch im 1. Halbjahr 1962 der Einfuhrüberschuß noch den Wert von 733,1 Millionen Dollar erreichte.

Die relativ schnelle wirtschaftliche Entwicklung Japans war und ist mit einem intensiven Prozeß der Konzentration und Zentralisation des Kapitals verbunden. Entgegen allen nach dem Ende des zweiten Weltkrieges auch in Japan verkündeten Bestimmungen zur Entflechtung der Konzerne und zur Beseitigung der Kartelle hat die japanische „Wettbewerbskommission" allein im Haushaltsjahr 1960/61 nicht weniger als 584 Firmen die Genehmigung zur Fusion oder zum „Erwerb" anderer Unternehmen erteilt. Der dadurch erreichte Machtzuwachs vor allem der größten japanischen Monopole Mitsui, Mitsubishi und Sumitomo geht in unvermindertem Tempo weiter.

### *Die anhaltende Überproduktion auf den internationalen Rohstoffmärkten*

Läßt sich die wirtschaftliche Situation in den imperialistischen Hauptländern aus den Angaben über die Industrieproduktion und den Außenhandel einigermaßen zuverlässig ersehen, so wird die Lage der ökonomisch noch schwachen Länder weitgehend von der Entwicklung auf den internationalen Rohstoffmärkten bestimmt. Das seit Jahren anhaltende Sinken der Rohstoffpreise zeigt deutlich, daß auf diesem Teil des kapitalistischen Weltmarktes ein chronischer Krisenzustand herrscht, der auch als ständige Überproduktion nahezu aller international gehandelten Rohstoffe in Erscheinung tritt.

Diese krisenhafte Lage auf den internationalen Rohstoffmärkten wird durch die Ausplünderung der ökonomisch noch schwachen Länder durch die imperialistischen Hauptländer noch verschärft, die die sich weiter öffnende Preisschere zwischen den von ihnen hochgetriebenen Fertigwarenpreisen und den seit Jahren in der Tendenz sinkenden Rohstoffpreisen dazu benutzen, sich Milliardenprofite zu sichern.

Welches Ausmaß der Preisverfall auf den internationalen Rohstoffmärkten angenommen hat, sollen die folgenden Angaben zeigen: Der Preis für Kopra sank in den letzten 3 Jahren um 38 Prozent, der für Mais in der gleichen Zeit um 11 Prozent. Innerhalb der letzten 2 Jahre betrug der Preisrückgang bei Kautschuk 40 Prozent, bei Kakao 26 Prozent, bei Blei 21 Prozent. Innerhalb eines Jahres sanken der Jutepreis um 37 sowie der Aluminium- und Kaffeepreis um je 8 Prozent.

Das Absinken der Rohstoffpreise führt zu geringeren Einnahmen der Rohstoffländer, die zu einer erhöhten Rohstoffproduktion gezwungen sind, um die eingetretenen Exportverluste ausgleichen und entsprechend importieren zu können. Dadurch aber steigt das Rohstoffangebot weiter, die Überproduktion wächst, die sinkende Preistendenz hält an. In diesem Prozeß verlieren die Rohstoffländer mehr als sie von den imperialistischen Hauptländern in Form von „Entwicklungshilfe" erhalten.

Der niedrige Kaffeepreis vermehrt die wirtschaftlichen Schwierigkeiten Brasiliens, Kolumbiens und Mittelamerikas; das billiger gewordene Kupfer trifft Chile, Peru, Rhodesien und den Kongo; der schlechtere Kautschukpreis wirkt sich in Indonesien und Malaya aus, der geringere Kakaoerlös in Ghana und Nigeria, der schwache Maispreis in Argentinien.

Eine weitere Verschärfung der Lage auf den internationalen Rohstoffmärkten und damit eine Verschlechterung der wirtschaftlichen Situation der ökonomisch noch schwachen Länder bringt der wachsende Rohstoffexport der Industrieländer mit sich, der fast ausschließlich ein Export in andere Industrieländer ist. Bei Industrierohstoffen nahm der Export der Industrieländer von 1957 bis 1960 von 17 auf 18 Milliarden Dollar zu, der Export der ökonomisch noch schwachen Länder vergrößerte sich nur von 18,3 auf 18,8 Milliarden Dollar. Die Industrieländer haben also die ökonomisch noch schwachen Länder im Zuwachstempo des Rohstoffexport überflügelt. Die gleiche Erscheinung ist im Nahrungsmittelexport festzustellen. Die ökonomisch noch schwachen Länder verzeichneten in der genannten Zeit einen Rückgang dieses Exports von 7,3 auf 7,1 Milliarden Dollar, während er in den Industrieländern von 6,3 auf 7,2 Milliarden Dollar anstieg.

Die Bildung der EWG beginnt sich in den ökonomisch noch schwachen Ländern ebenfalls bemerkbar zu machen, denn eines der ökonomischen Ziele der EWG-Monopole ist die wachsende Selbstversorgung dieses entstehenden „Gemeinsamen Marktes" samt den ihm „assoziierten" Ländern, die durch Präferenzen beim Austausch innerhalb des EWG-Raumes gefördert wird. Es ist zu erwarten, daß die künftige Bevorzugung von Kaffee aus den durch einen neokolonialistischen „Assoziierungs"-Vertrag an die EWG geketteten afrikanischen Ländern die Lage des Kaffeeanbaus in Lateinamerika fühlbar beeinflussen wird. Ebenso werden Schwierigkeiten für die Ausfuhr von Wolle und Fleisch zum Beispiel aus Argentinien und Uruguay in die EWG befürchtet.

Besonders nachteilige Auswirkungen für die Entwicklung auf den internationalen Rohstoffmärkten gehen von den strategischen Rohstoffreserven der USA aus, die zum Teil bereits zur Zeit der imperialistischen Aggression in Korea angelegt worden waren. Soweit sie einen vom USA-Kriegsministerium berechneten Kriegsbedarf von 3 Jahren übersteigen, sollen sie nun auf den internationalen Rohstoffmärkten verkauft werden. Dies würde die dort vorhandenen Krisenerscheinungen noch beträchtlich verstärken, da es sich immerhin um sehr große Mengen handelt (im folgenden sind 12 sogenannte Schlüsselprodukte angeführt):*

| | Millionen Dollar | Prozent eines Dreijahresbedarfs |
|---|---|---|
| Aluminium | 940 | 169 |
| Zinn | 847 | 188 |
| Kautschuk | 844 | 145 |
| Kupfer | 599 | 114 |
| Wolfram | 552 | 324 |
| Mangan | 515 | 141 |
| Chromerz | 488 | 167 |
| Zink | 443 | 888 |
| Blei | 399 | 484 |
| Nickel | 303 | 146 |
| Kobalt | 236 | 576 |
| Molybdän | 88 | 142 |
| | *6254* | |

Außerdem umfaßt die Rohstoffreserve der USA-Rüstungsmonopole noch 62 andere Rohstoffe im Werte von zusammen 7,7 Milliarden Dollar. Diese Rohstoffe schweben wie ein Damoklesschwert über den internationalen Märkten. Sie erfüllen die Funktion eines ständigen imperialistischen Druckmittels gegen jede Erholung der Rohstoffpreise, die auch eine Festigung der Lage in den ökonomisch noch schwachen Ländern mit sich bringen würde.

### *Die Haupttendenzen des kapitalistischen Welthandels*

#### 1. Anhaltendes Wachstum des Außenhandels

Im bisherigen Verlauf des Jahres 1962 hat sich das Wachstum des kapitalistischen Welthandels fortgesetzt. Der Außenhandel aller kapitalistischen Länder stieg im I. Quartal 1962 (neuere Gesamtangaben liegen noch nicht vor) gegenüber der gleichen Zeit des Vorjahres um 5,5 Prozent. Damit hat sich die Zuwachsrate, verglichen mit dem Durchschnitt des Jahres 1961, kaum verändert.

Für die bedeutendsten kapitalistischen Länder zeigen die ersten, zum Teil vorläufigen Angaben folgende Außenhandelsentwicklung im 1. Halbjahr 1962 (gegenüber dem 1. Halbjahr 1961 in Prozent):

| | Export | Import |
|---|---|---|
| USA | + 6,0 | +16,2 |
| Westdeutschland | + 3,1 | +13,3 |
| Großbritannien | + 2,3 | − 0,7 |
| Frankreich | + 2,7 | +11,7 |
| Japan | +13,4 | + 7,2 |
| Italien | +16,2 | +11,3 |
| Niederlande | + 6,6 | + 5,3 |
| Belgien | +13,4 | + 6,1 |
| Schweden | + 9,1 | + 6,1 |
| Schweiz | + 9,3 | +14,4 |

* „Industriekurier", Düsseldorf, Nr. 47 vom 27. 3. 1962.

Diese im ganzen anhaltende Zunahme des kapitalistischen Welthandels beruht neben der Exportsteigerung Japans in erster Linie auf der weiteren Steigerung des Außenhandels der EWG-Staaten, für die detaillierte Angaben über die Entwicklung in den Monaten Januar bis Mai 1962 verfügbar sind (Veränderung gegenüber den ersten fünf Monaten des Vorjahres in Prozent):

| | Export | Import |
|---|---|---|
| *EWG-Länder gesamt* | *+ 7,8* | *+11,8* |
| darunter: | | |
| Westdeutschland | + 6,0 | +15,8 |
| Frankreich | + 5,1 | +14,0 |
| Italien | +16,2 | +11,3 |
| Niederlande | + 4,8 | + 6,9 |
| Belgien/Luxemburg | +13,9 | + 4,8 |
| davon: | | |
| Handel innerhalb der EWG | +14,8 | +16,0 |
| Handel mit den USA | +22,3 | + 7,8 |
| Handel mit Großbritannien | − 2,7 | +23,3 |

In den einzelnen EWG-Ländern nahm die Entwicklung des Außenhandels jedoch einen sehr unterschiedlichen Verlauf. (Es muß noch bemerkt werden, daß die Vergleichbarkeit aller entsprechenden Angaben durch die Aufwertung der Westmark und des niederländischen Gulden etwas beeinträchtigt wird.) Italien konnte beispielsweise seinen Export in andere EWG-Länder in der genannten Zeit um 26,7 Prozent steigern, während sein Import aus diesen Ländern um 27,5 Prozent zunahm. Auch Westdeutschland erreichte mit 14,5 bzw. 19,3 überdurchschnittliche Zuwachsraten.

Von der Zunahme des Handels zwischen der EWG und den USA profitierten insbesondere Italien und Frankreich. Italiens Export in die USA stieg um 22,8 Prozent, sein Import aus den USA sank um 3,0 Prozent. Frankreich konnte seinen Export in die USA um 40,6 Prozent steigern, sein Import lag um 7,2 Prozent höher als in der gleichen Vorjahreszeit. Westdeutschland dagegen importierte für 12,1 Prozent mehr aus den USA, konnte jedoch seinen Export dorthin nur um 12,0 Prozent erhöhen.

Der Außenhandel der USA hat erst in jüngster Zeit Anzeichen für eine Exportoffensive der USA-Monopole erkennen lassen, mit der sie ihre Konjunktur erhalten wollen. Export und Import nahmen gegenüber den gleichen Quartalen des jeweiligen Vorjahres folgende Entwicklung:

| | | Export | Import |
|---|---|---|---|
| 1961 | III. Quartal | − 0,6 | + 3,3 |
| | IV. Quartal | + 3,9 | +11,3 |
| 1962 | I. Quartal | − 0,7 | +15,9 |
| | II. Quartal | +13,0 | +16,5 |

Es hat den Anschein, als könne bisher kaum von einer USA-Exportexpansion die Rede sein, da die Zunahme des Imports noch immer schneller als die des Exports ist. Welche Befürchtungen jedoch beispielsweise die westdeutschen Chemiekonzerne (und mit ihnen die Monopole anderer westeuropäischer Länder) hinsichtlich der USA-Konkurrenz auf dem kapitalistischen Weltmarkt haben, geht aus den folgenden Darlegungen einer einflußreichen westdeutschen Zeitung hervor:

„Wie sehr vor allem die großen Exportanstrengungen der Amerikaner zu Buch schlagen können, wird etwa an folgender Überlegung deutlich. In den Jahren 1960 und 1961 exportierten die Vereinigten Staaten jeweils etwa 7 Prozent ihres Umsatzes. Das ist in der Branche das größte Exportvolumen der Welt und bedeutet etwa das

Anderthalbfache der (west-)deutschen Chemieausfuhr. Die Bundesrepublik errechnet sich indes bei ihrem Umfang des Wertexports eine Exportquote von 27 Prozent. Nicht auszudenken, wenn die Amerikaner etwa eine Exportquote von 20 Prozent erreichen würden; das Volumen ihres Export-Wertumsatzes wäre dann größer als der gesamte Umsatz der westdeutschen chemischen Industrie. Diese Steigerung mag auf den ersten Blick utopisch erscheinen; sie liegt aber nicht außerhalb des Möglichen. Fachleute sind der Meinung, eine derartige US-Exportquote sei mit den vorhandenen amerikanischen Kapazitäten spielend zu erreichen . . ."[1]

## 2. Die Situation auf einigen wichtigen Teilmärkten für industrielle Fertigerzeugnisse

*Maschinenbau*

Erzeugnisse des Maschinenbaus[2] nehmen im Außenhandel der kapitalistischen Industrieländer einen bedeutenden Platz ein. Der Anteil des Maschinenbauexports am gesamten Export betrug 1961 in den USA 17,4 Prozent, in Westdeutschland 21,9 Prozent und in Großbritannien 18,6 Prozent. Dabei hat jedoch der Export und Import des Maschinenbaus für die wichtigsten kapitalistischen Länder in den letzten Jahren einen sehr unterschiedlichen Verlauf genommen.

Besonders stark hat sich der Maschinenexport der EWG-Staaten vergrößert. Er stieg von 1957 bis 1961 um 79 Prozent auf 4,476 Milliarden Dollar, das entspricht 38 Prozent des gesamten Maschinenexports kapitalistischer Länder. Entsprechend der allgemeinen Tendenz der Außenhandelsentwicklung der EWG-Staaten ist auch der Maschinenaußenhandel innerhalb der EWG in überdurchschnittlichem Tempo gestiegen.

*Tabelle 7*

Maschinenexport der EWG-Länder

| | Export 1961 Millionen Dollar | Veränderung (Prozent) | |
|---|---|---|---|
| | | 1961 gegenüber 1957 | 1961 gegenüber 1960 |
| EWG-Länder zusammen | 4475,8 | + 78,7 | +22,4 |
| dav. in EWG-Länder | 1384,9 | + 90,9 | +33,7 |
| Westdeutschland | 2778,2 | + 64,7 | +25,7 |
| dav. in EWG-Länder | 826,6 | + 63,6 | +33,8 |
| Italien | 649,7 | +149,1 | +25,5 |
| dav. in EWG-Länder | 175,9 | +216,8 | +31,0 |
| Frankreich | 608,2 | + 94,1 | + 8,2 |
| dav. in EWG-Länder | 182,7 | +184,1 | +47,0 |
| Niederlande | 225,7 | + 78,7 | +14,9 |
| dav. in EWG-Länder | 93,7 | +109,6 | +23,3 |
| Belgien/Luxemburg | 214,0 | + 81,7 | +25,4 |
| dav. in EWG-Länder | 106,0 | + 92,4 | +27,3 |

Quelle: VDMA, Statistisches Handbuch für den Maschinenbau, Frankfurt/Main, Ausgaben 1958, 1961 und 1962.

[1] „Deutsche Zeitung", Köln, Nr. 99 vom 28./29. 4. 1962.

[2] Der Begriff Maschinenbau entspricht hier der in den bürgerlichen Statistiken üblichen Abgrenzung, also ohne Stahlbau, Fahrzeugbau, Schiffbau, Flugzeugbau, Elektrotechnische Industrie und Eisen-, Blech- und Metallwarenindustrie.

Die vorstehenden Angaben spiegeln die gegenwärtige Situation im Maschinenexport der EWG-Länder deutlich wider (entsprechende Angaben für einen Teil des Jahres 1962 sind nicht vorhanden): Insgesamt ein verstärkter Austausch innerhalb der EWG, wobei Westdeutschland zwar nach wie vor mit weitem Abstand an erster Stelle steht, die anderen EWG-Staaten ihren Maschinenexport aber bedeutend schneller steigern konnten.

Die Maschineneinfuhr nach Westdeutschland war im Jahre 1961 um 29,5 Prozent höher als im Vorjahr, die Einfuhr aus EWG-Ländern sogar um 34,8 Prozent.

Die weitere Verschärfung des Konkurrenzkampfes, insbesondere im Gebiet der EWG, verdeutlichen folgende Angaben: Während, wie der obigen Tabelle zu entnehmen ist, die Maschinenexporte der EWG-Länder in den EWG-Raum im Jahre 1961 um 33,7 Prozent anstiegen, konnten die USA 35,5 Prozent und Großbritannien sogar 46,9 Prozent mehr Maschinen dorthin ausführen. Auch andere Teile des internationalen Maschinenbaumarktes sind hart umkämpft (Millionen Dollar Export im Jahre 1961; in Klammern Veränderung 1961 gegenüber 1960 in Prozent):

| Exportländer | Bestimmungsländer | | | |
|---|---|---|---|---|
| | Schweden | Österreich | Schweiz | Japan |
| EWG-Länder | 151,6<br>(+31,6) | 182,5<br>(+22,3) | 207,1<br>(+43,0) | 116,5<br>(+65,2) |
| Großbritannien | 60,8<br>(+29,5) | 13,9<br>(+32,0) | 26,0<br>(+58,7) | 25,8<br>(+50,4) |
| USA | 54,6<br>(+13,8) | 11,4<br>( 43,1) | 42,6<br>(+40,3) | 233,6<br>(+62,0) |

Auch dort, wo die Konzerne und Großunternehmen des westdeutschen Maschinenbaus eindeutig dominieren, machen Großbritannien und die USA große Anstrengungen, um einen Teil des Marktes für sich zurück zu erobern. Andererseits wollen die westdeutschen Maschinenbauunternehmen denen der USA vor allem ihre noch beherrschende Position im japanischen Maschinenimport streitig machen.

In den ersten Monaten des Jahres 1962 hat die skizzierte Entwicklungstendenz weiter angehalten, wie aus den bisher vorliegenden Angaben hervorgeht, wenn diese auch nicht voll miteinander vergleichbar sind, da sie den Statistiken der jeweiligen Länder entstammen. Der westdeutsche Maschinenexport stieg im ersten Drittel des Jahres 1962 gegenüber der gleichen Vorjahreszeit um 13,6 Prozent. Die Tatsache, daß die Einfuhr sogar um 18,9 Prozent höher war als im Vorjahr, weist darauf hin, daß der Konkurrenzkampf für die westdeutschen Maschinenbauunternehmen selbst auf dem Binnenmarkt Westdeutschlands immer härter wird. Im Maschinenaußenhandel innerhalb der EWG konnte der westdeutsche Maschinenbau den Export in der genannten Zeit um 26,5 Prozent steigern, während der Import um 28,3 Prozent zunahm.

Frankreichs Maschinenbauexport lag im 1. Halbjahr 1962 um 20,7 Prozent über dem Vorjahresstand, der Import um 21,7 Prozent. Dagegen konnte der Maschinenexport Großbritanniens im 1. Halbjahr 1962 nur noch um 4,1 Prozent steigen, während sich der Import um 3,3Prozent erhöhte. Dabei gelang es Großbritannien, seine Exporte in die EWG-Staaten sogar um 12,4 Prozent zu steigern.

Insgesamt zeigt die jüngste Entwicklung auf dem internationalen Markt für Erzeugnisse des Maschinenbaus, daß der ökonomische Zwang zur Modernisierung der Produktionsmittel, zur Rationalisierung und zu einer durch das Profitstreben hervorgerufenen weiteren Vergrößerung der Produktionskapazitäten — wobei es sich jedoch um Überkapazitäten handelt — gegenwärtig noch eine Steigerung der Produktion und des

Exports bzw. Imports ermöglicht. Daraus erklärt sich auch, daß es auf diesem wichtigen Gebiet der kapitalistischen Wirtschaft bisher nicht zu Krisenerscheinungen gekommen ist.

*Automobilbau*

Die Situation auf dem internati nalen kapitalistischen Automobilmarkt hatte sich im Jahre 1961 beträchtlich verschärft und führte in einigen der bedeutendsten Automobile produzierenden kapitalistischen Länder zu einem merklichen Rückgang der Produktion (1000 Stück bzw. Veränderung in Prozent):

| | 1960 | 1961 | Veränderung |
|---|---|---|---|
| USA | 7905 | 6653 | −16 |
| Westdeutschland | 2055 | 2148 | + 5 |
| Großbritannien | 1811 | 1420 | −22 |
| Frankreich | 1349 | 1232 | − 9 |
| Japan | 482 | 813 | +69 |
| Italien | 611 | 760 | +24 |

Die partiellen Krisenerscheinungen in der Automobilindustrie der USA, Großbritanniens und Frankreichs haben sich, soweit die über die Entwicklung im 1. Halbjahr 1962 verfügbaren Angaben erkennen lassen, nicht weiter verschärft, es ist für diese Länder eher von einer weitgehenden Überwindung der Krisenerscheinungen zu sprechen, wenn auch in den USA und in Großbritannien die Produktion des 1. Halbjahres 1962 noch um 6 bzw. 15 Prozent hinter der des 1. Halbjahres 1960 zurückblieb (1000 Stück):

| | 1. Halbjahr 1960 | 1. Halbjahr 1961 | 1. Halbjahr 1962 |
|---|---|---|---|
| USA | 4541 | 3317 | 4260 |
| Westdeutschland | 1045 | 1137 | 1182 |
| Großbritannien | 1034 | 751 | 877 |
| Frankreich | 765 | 673 | 784 |
| Japan | 199 | 358 | 483 |
| Italien | 336 | 376 | 465 |

Diese sechs kapitalistischen Länder erhöhten im 1. Halbjahr 1962 ihre Automobilproduktion gegenüber der gleichen Vorjahreszeit um 22 Prozent. Wenn sich auch gegenwärtig die Absatzmöglichkeiten etwas gebessert zu haben scheinen, so muß doch auf längere Sicht eine erhebliche Verschärfung des Widerspruchs zwischen den vorhandenen Produktionsmöglichkeiten, die auch gegenwärtig noch laufend weiter vergrößert werden, und der kaufkräftigen Nachfrage erwartet werden. Ein möglicher Beitritt Großbritanniens zur EWG würde diesen Widerspruch noch weiter zuspitzen. Die Gegenüberstellung der Zuwachsraten der Produktion für den Binnenmarkt und für den Export im 1. Halbjahr 1962 vermittelt einen Eindruck von der gegenwärtigen Situation auf dem internationalen kapitalistischen Automobilmarkt (1000 Stück bzw. Veränderung gegenüber dem 1. Halbjahr 1961 in Prozent): (s. S. 293)
(Von der Berechnung der entsprechenden Angaben für die USA wurde abgesehen, da die Exportquote der USA-Automobilindustrie sehr niedrig ist und die amerikanischen Automobilkonzerne die Errichtung von Zweigfabriken in verschiedenen kapitalistischen Ländern dem Export von in den USA produzierten Automobilen vorziehen.)

Es ist deutlich zu erkennen, wie diese Entwicklung vor allem zu Lasten Westdeutschlands ging, dessen Automobilkonzerne ihre Produktion nur durch Vergrößerung des Absatzes auf dem Binnenmarkt noch steigern konnten. Dabei ist die westdeutsche

| | Produktion insgesamt | davon für den | | |
|---|---|---|---|---|
| | | Binnen-markt | (1000 Stück) | Export |
| Westdeutschland | + 4,0 | + 8,6 | (544) | − 1,0 |
| Großbritannien* | +31,4 | +14,9 | (288) | +61,1 |
| Frankreich | +16,6 | +17,4 | (256) | +15,2 |
| Japan | +34,7 | +35,4 | ( 20) | +21,0 |
| Italien | +23,7 | +18,9 | (163) | +33,7 |

* Nur Pkw.

Automobilindustrie wegen ihres hohen Exportanteils besonders stark auf die Steigerung ihres Absatzes auf dem Weltmarkt angewiesen. Von den im 1. Halbjahr 1962 produzierten Kraftwagen gingen in Westdeutschland 46 Prozent in den Export, in Großbritannien (nur Pkw) und Frankreich je 33 Prozent und in Italien 35 Prozent.

In der letzten Zeit hat sich die Situation der westdeutschen Automobilkonzerne anscheinend etwas gebessert (Veränderung gegenüber dem gleichen Vorjahreszeitraum in Prozent):

| | Produktion insgesamt | davon für den | |
|---|---|---|---|
| | | Binnen-markt | Export |
| 1961 1. Halbjahr | + 8,8 | \| 6,1 | +11,8 |
| 2. Halbjahr | + 0,1 | + 6,9 | − 7,1 |
| 1962 1. Halbjahr | + 4,0 | + 8,6 | − 1,0 |
| 3. Quartal* | +15,6 | +17,9 | +13,1 |

* Nur jeweils Juli und August.

Einer der Hauptkampfplätze auf dem internationalen kapitalistischen Automobilmarkt sind die USA. Hier war es den westdeutschen Automobilkonzernen gelungen, nach und nach alle ihre Konkurrenten zu übertrumpfen und sich den größten Anteil am USA-Automobilimport zu sichern. Die westdeutsche Expansion auf den USA-Automobilmarkt hatte im Jahre 1961 die Positionen der britischen Automobilkonzerne erheblich ins Wanken gebracht. Im 1. Halbjahr 1962 nahm der Automobilimport der USA weiter zu, jedoch mußten die westdeutschen Konzerne einen Teil des von ihnen eroberten Marktanteils an die wieder stärker expandierenden Automobilkonzerne anderer kapitalistischer Länder abgeben. Die folgende Aufstellung zeigt den Automobilimport der USA im 1. Halbjahr 1962 nach Herkunftsländern und die jeweilige Veränderung gegenüber dem 1. Halbjahr 1961 (in Prozent):

| | (Stück) | Veränderung |
|---|---|---|
| *Import gesamt* | *192726* | *+ 42,7* |
| davon aus: | | |
| Westdeutschland | 116892 | + 14,6 |
| Großbritannien | 37052 | +314,1 |
| Frankreich | 21785 | + 40,6 |
| Schweden | 8212 | + 40,4 |
| Italien | 5507 | +257,4 |
| Japan | 2203 | +129,2 |

Diese Entwicklung und das gegenwärtig schnellere Vordringen der Konkurrenten auch in anderen Gebieten des kapitalistischen Weltmarktes kann unter Umständen für die westdeutschen Automobilkonzerne bedrohlich werden, sobald der Binnenmarkt nicht mehr so aufnahmefähig ist wie bisher.

*Schiffbau*

Im Zusammenhang mit der internationalen Krise der kapitalistischen Seeschiffahrt, die sich immer mehr als eine chronische Krisenerscheinung des gegenwärtigen Kapitalismus erweist, hat sich in den letzten Jahren auch die Lage in der Schiffbauindustrie wesentlich verschlechtert. Seit 1958 sinkt die Schiffbauproduktion der kapitalistischen Länder (Fertigstellungen in 1000 BRT):

| | |
|---|---|
| 1958 | 8911 |
| 1959 | 8543 |
| 1960 | 8162 |
| 1961 | 7876 |

Einige Werften brachen zusammen, zehntausende von Werftarbeitern verloren ihren Arbeitsplatz. Dabei ist infolge des anhaltenden Überangebots an Frachtraum (wodurch das Niveau der Frachtraten weiterhin sehr niedrig blieb) und trotz der Abwrackung von 11 Millionen BRT in den Jahren 1958 bis 1961 die Aufnahmefähigkeit der kapitalistischen Seehandelsflotten für Neubautonnage nach wie vor sehr gering.

Im 1. Halbjahr 1962 wurde in den kapitalistischen Ländern bei Schiffen mit insgesamt 4,288 Millionen BRT mit dem Bau begonnen, Schiffe mit zusammen 3,835 Millionen BRT wurden abgeliefert. Die Tonnage der Schiffe, mit deren Bau begonnen wurde, war um 8,6 Prozent größer als im 1. Halbjahr 1961, die Fertigstellungen blieben um 0,8 Prozent hinter der Vorjahreszeit zurück. Aus der zeitlichen Differenz zwischen Baubeginn und Fertigstellung sowie aus der Veränderung dieser beiden Positionen gegenüber der jeweiligen Vorjahreszeit läßt sich überschlägig die weitere Entwicklungstendenz ablesen. Im vorliegenden Fall dürfte zumindest keine weitere Verschärfung der internationalen Schiffbaukrise eintreten, wobei es sich bei den gegenwärtig in Bau befindlichen Schiffen überwiegend um solche handelt, für die die Aufträge bereits vor einigen Jahren erteilt wurden. Die Auftragsentwicklung der letzten Zeit ist demgegenüber außerordentlich negativ: Der Auftragsbestand aller Werften in kapitalistischen Ländern ist von Anfang 1961 bis zum 1. September 1962 um 17 Prozent zurückgegangen, die Auftragseingänge waren in den ersten 8 Monaten des Jahres 1962 um 14 Prozent geringer als die Fertigstellungen.

Die gegenwärtige Situation zeigt aber starke Unterschiede zwischen den wichtigsten kapitalistischen Schiffbauländern (Fertigstellungen im 1. Halbjahr 1962 in 1000 BRT bzw. Veränderung gegenüber dem 1. Halbjahr 1961 in Prozent):

| | Baubeginn (Veränderung) | Fertigstellungen | |
|---|---|---|---|
| | | (1000 BRT) | (Veränderung) |
| Japan | + 37,0 | 844 | +13,3 |
| Großbritannien | − 31,0 | 576 | −20,4 |
| Westdeutschland | − 7,9 | 463 | −16,2 |
| Schweden | + 11,3 | 483 | +17,9 |
| Frankreich | + 23,6 | 249 | −20,4 |
| Niederlande | + 6,4 | 260 | +13,9 |
| USA | − 34,1 | 200 | + 9,1 |
| Italien | +127,8 | 170 | − 2,7 |

Gewiß sind Angaben für den relativ kurzen Zeitraum von einem halben Jahr nicht allzu aussagekräftig, das Verhältnis des Baubeginns zu den Fertigstellungen läßt in der bereits erläuterten Weise jedoch die annähernde Tendenz für den Zeitraum etwa eines Jahres erkennen. Auch aus den verschiedensten Einzelmeldungen ergibt sich der Eindruck, daß sich die Situation der Werftindustrie vor allem in den USA, in Großbritannien und Westdeutschland weiter verschlechtern wird. Bei den britischen Werften lag der Auftragseingang in der Zeit von Juli 1961 bis Juni 1962 nur bei 40 Prozent der gleichzeitigen Ablieferungen, in Westdeutschland konnten in der Zeit von Mai 1961 bis April 1962 nur 55 Prozent der Ablieferungen durch neue Aufträge kompensiert werden. In beiden Ländern nahm der Auftragsbestand erheblich ab. Allein in Japan, dessen Werftunternehmen gegenwärtig noch von dem Vorteil relativ niedriger Löhne sowie von besonders umfangreichen staatsmonopolistischen Hilfen für den Schiffbau profitieren können, ist der Auftragsbestand weiter gestiegen. In der Zeit von April 1961 bis März 1962 (dem japanischen Haushaltsjahr) überstieg der Auftragseingang die Fertigstellungen um 12 Prozent, der Auftragsbestand vergrößerte sich um 22 Prozent (510000 BRT). Es ist zu erwarten, daß die japanischen Werften, die sich in letzter Zeit auch umfangreiche Aufträge aus der Sowjetunion sichern konnten, in der nächsten Zeit ihre derzeitigen Konkurrenzvorteile gegenüber den meisten anderen kapitalistischen Schiffbauländern noch mehr als bisher zur Geltung bringen werden. Dies dürfte die Situation auf den Werften einiger westeuropäischer Länder weiter verschärfen.

Im 1. Halbjahr 1962 trat keine prinzipielle Veränderung der Entwicklungstendenz der kapitalistischen Wirtschaft ein. Die Situation um die Jahresmitte war durch ein etwas geringeres Wachstum von Industrieproduktion und Außenhandel gegenüber dem Vorjahr gekennzeichnet. Dabei lag das Tempo der Entwicklung in den Industrieländern wie bisher über dem Durchschnitt der gesamten kapitalistischen Wirtschaft. Dies führte zu einem weiteren relativen Zurückbleiben der ökonomisch noch schwachen Länder, deren Entwicklung infolge der anhaltenden Übervorteilung durch die imperialistischen Hauptländer im Außenhandel gehemmt wird. Die als „Entwicklungshilfe" propagierte Verwendung eines Teils der dabei erzielten Milliardenprofite zur Erhaltung der ökonomischen Abhängigkeit der ökonomisch noch schwachen Länder von den mächtigsten Monopolgruppen konnte dementsprechend nicht zu einer Verringerung des Abstandes im Entwicklungsniveau zwischen ihnen und den Industrieländern führen.

Die vielfältigen ökonomischen wie politischen Widersprüche im Kapitalismus haben sich im 1. Halbjahr 1962 in keiner Weise vermindert. Die vorhandenen chronischen bzw. schon relativ lange andauernden Krisenerscheinungen sind eher noch deutlicher zu erkennen. Dieser insgesamt vorhandenen Labilität des kapitalistischen Systems steht die weitere planmäßige Entwicklung der Staaten des Sozialistischen Weltsystems gegenüber, deren ökonomisches Wachstumstempo nicht nur beträchtlich höher ist als das der kapitalistischen Wirtschaft, sondern in denen mit den neuen Beschlüssen zur Vertiefung der sozialistischen Zusammenarbeit im Rat für gegenseitige Wirtschaftshilfe auch ein wichtiger Schritt zur weiteren Stärkung des sozialistischen Weltsystems und zur wachsenden ökonomischen Überlegenheit der sozialistischen Weltwirtschaft getan wurde.

Ernst Lüdemann

# Konjunktur und Krise

## Inhaltsverzeichnis des 6. Jahrgangs, 1962

**Heft 1**



**Heft 2**



**Heft 3**



**Heft 4**

## CONTENTS



## SOMMAIRE



## СОДЕРЖАНИЕ

FSC
www.fsc.org
MIX
Papier | Fördert
gute Waldnutzung
FSC® C083411

Kolibri 360 GmbH
Ferdinand-Jühlke-Straße 7
99095 Erfurt, Deutschland
produktsicherheit@kolibri360.de